KB109503

미래의 부자인 _____ 님을 위해

이 책을 드립니다.

남자가
은퇴
할 때

남자가 은퇴할 때

초판 1쇄 인쇄 | 2022년 10월 28일
초판 1쇄 발행 | 2022년 11월 04일

지은이 | 김대중
펴낸이 | 박영욱
펴낸곳 | 북오션

경영지원 | 서정희
편　　집 | 고은경·조진주
마 케 팅 | 최석진
디 자 인 | 민영선·임진형
SNS마케팅 | 박현빈·박가빈

주　　소 | 서울시 마포구 월드컵로 14길 62 북오션빌딩
이메일 | bookocean@naver.com
네이버포스트 | post.naver.com/bookocean
페이스북 | facebook.com/bookocean.book
인스타그램 | instagram.com/bookocean777
전　　화 | 편집문의: 02-325-9172　영업문의: 02-322-6709
팩　　스 | 02-3143-3964

출판신고번호 | 제 2007-000197호

ISBN 978-89-6799-716-8 (03190)

100세 시대 도래, 은퇴 후 남은 시간 10만 시간

남자가 은퇴할 때

김대중 지음

북오션

누구에게나 은퇴가 찾아온다

은퇴는 축복이다.

앞으로는 만원 지하철을 타지 않아도 되고 상사의 눈치를 볼 필요도 없으며 늦잠도 마음대로 잘 수 있다. 내가 하고 싶은 것을 마음대로 할 수 있고 내가 가고 싶은 곳에 마음대로 갈 수 있으며 내가 머물고 싶은 곳에 마음대로 머물 수 있다.

하지만 또 한편으로 은퇴는 고통의 시작이다.

매달 들어오는 월급이 끊기며 매달 지출되는 생활비에 신경 쓰이고 경조사비 봉투에 넣을 돈을 고민한다.

은퇴는 축복이기도 하지만 또 한편으로는 고통의 시작이다. 차이가 있다면 준비된 은퇴와 준비되지 않은 은퇴가 있을 뿐이다.

50대 중반에 타의로 회사를 그만둔 일이 있었다. 은퇴에 대해서는 전혀 생각하지 않고 있을 때였다. 갑자기 타의로 맞이한 은퇴는 힘들었다. 일단 마음의 준비가 전혀 되어있지 않았다. 언젠가는 은퇴를 할 것이라고 생각은 했지만, 강 건너 불구경이었다. 당시 나는 꽤 잘 나가는 임원이었기 때문이다.

아무튼, 그렇게 준비가 되어있지 않은 상태에서 맞이한 은퇴는 나에게 당혹감을 안겨주었다. 광화문 교보문고에 가서 은퇴에 관련된 책들을 뒤적거리는 것으로 은퇴의 첫날을 시작했다. 하지만 내가 원하는 책은 없었다. 나는 오늘 당장 무엇을 해야 하는지 체계적으로 계획을 수립하고 싶었다. 하지만 구체적인 실무서는 없었고 모두가 은퇴에 대한 개론서였다.

은퇴하기 전에 준비해야 할 사항들, 은퇴 후에 따져보아야 할 사항들을 알고 싶었던 나는 조금 허탈했다.

이 책은 은퇴 후 나처럼 허탈해하는 사람들을 위해서 썼다.

언젠간 은퇴를 하겠지만 지금 당장 일어나지 않는다고 방심하고 있는 사람들, 갑자기 은퇴를 당해서 당황하는 사람들, 그리고 노후의 전반적인 계획이 없는 사람들에게 일독을 권한다.

이 책은 은퇴 후의 삶을 해결해 준다는 거창한 이야기를 하는 책이 아니다. 은퇴한 시점에서 당황하지 않도록 먼저 은퇴를 경험해 보았던 사람으로서, 조곤조곤 이런저런 이야기를 해 주는 책이다. 그래서 이 책에는 필자의 경험과 기록과 생각이 많이 묻어 있다. 특정 부분에는 필자의 주관이 강하게 나타나 있어 혹 거부감을 느끼는 사람이 있을지도 모르겠다. 미리 양해를 구한다.

김대중

3장

내 지출을 꼼꼼히 기록하자

4장

내 재산을 상세히 파악하자

5장

내 재산을 확실히 관리하자

6장

남은 인생 건강하게 사는 법

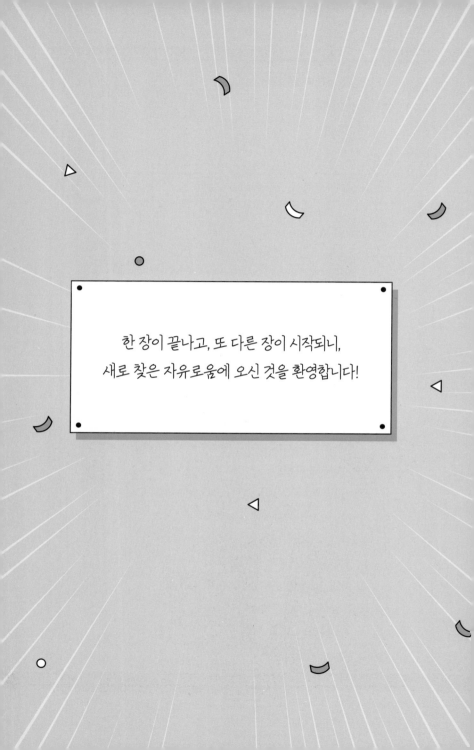

1장

은퇴 전에 미리 준비하면 좋을 것들

01
은행 계좌를 미리 만들자

　은퇴한 후 얼마 되지 않을 때였다. 목돈을 예치하기 위하여 금융기관을 방문했다. 계좌개설을 하려고 했더니 재직증명서, 급여명세서 등을 요구했다. 회사를 그만두었으니 당연히 재직증명서도 뗄 수 없고, 급여명세서도 없었다. 그런 사정을 이야기했더니 아파트 관리비 영수증은 있냐고 물어보았다. 필자는 단독주택에 산다. 아파트 관리비 영수증이 있을 리 없다. 그랬더니 계좌를 만들지 못한다고 했다. 다른 은행에 갔더니 하루에 이체가 30만 원까지만 되는 한도제한계좌를 만들어주겠다고 했다.

　전화 금융사기, 대출 사기 등으로 인한 피해를 막기 위해 2015년 7월부터 은행의 계좌개설 요건을 강화하면서 생긴 결과다. 오죽하면 금융감독원에서 이런 조치까지 내렸을까 생각해 보지만, 어쨌든 불편한 것은 사실이다. 내가 회사에 다녔더라면, 그래서 재직증명서나 급여명세서를 보여주었더라면 간단히 계좌를 만들 수 있었겠지만 이미 은퇴한 뒤라서 계좌 하나 만드는 것조차 힘들었다.

지금 은퇴하는 세대가 젊었을 때는 은행 통장 만드는 것이 매우 손쉬운 일이었다. 신분증만 있으면 통장을 만들 수 있었다. 심지어 금융실명제 이전에는 신분증이 없어도 계좌를 만들 수 있었다. 은행에서는 통장을 만들어 주는 것만으로도 고마워했다. 신용카드를 만들 때는 신용카드사 직원이 사무실을 방문하여 카드를 발급해 주기도 했다. 한 은행에서 여러 개의 계좌도 만들 수 있었다. 필자의 경우는 여러 권의 책을 집필한 관계로 여러 개의 통장을 만들어 각각의 책에 대한 인세를 관리한 적도 있었다. 이런 경험을 가진 세대이기에 은행에서 금융거래목적확인서를 요구하면 뜨악할 수밖에 없다. 내가 내 돈 관리하는데 왜 은행에 금융거래 목적을 이야기해야 하는지 사실 지금도 잘 모르겠다.

아무튼! 은퇴하면 은행에서 계좌 하나 만드는 것도 마음대로 되지 않고 카드사에서 카드 발급해 주는 것도 야박하다. 은퇴하기 전에 미리 필요한 계좌와 카드는 만들어 놓고 은퇴하자. 야박한 금융기관을 탓하기 전에, 내 마음이 다치지 않도록 미리미리 준비하자.

마이너스 통장을 만들자

마이너스 통장은 필요할 때 쉽게 돈을 빌릴 수 있어 매우 유용한 금융상품이다. 하지만 담보가 아닌 신용으로 유지하는 상품이라 은퇴하고 나면 마이너스 통장을 개설하는 것도 힘들다. 카카오뱅크가 처음 나왔을 때 마이너스 통장을 신청한 적이 있었다. 당시에는 무직이었다. 신청 결과 거절이 나왔다. 이후 재취업이 되었고 다시 신청했더니 낮은 금리로 승인이 났다. 직장의 유무에 따라 마이너스 통장의 발급이 좌우되었던 것이다. 은퇴하기 전에 마이너스 통장은 미리 만들어두자.

또 한 가지, 비록 마이너스 통장이 있더라도 재직증명서를 제시하지 못하면 금리가 올라간다. 필자는 국민은행에서 마이너스 통장을 사용하고 있었는데 만기가 되었고 직업이 없다고 하자 금리가 껑충 올라갔다. 비록 금리는 올라갔어도 급할 때는 요긴하게 사용할 수 있어서 계속 이용했지만, 솔직히 마음속으로는 야박하게 느껴졌다. 20년 넘게 월급을 받은 통장이고 자동이체 횟수가 많은 통장임에도 불구하고 직업이 없다는 핑계로 금리를 올리니 서운한 마음도 들었다. 하지만 어쩌랴. 이것이 현실인 것을.

〈금융거래목적 증빙서류(예시)〉

신규목적	증빙서류
급여 계좌	근로소득원천징수영수증, 재직증명서, 건강보험 득실확인서, 관공서 발급 신분확인서(공무원증, 변호사증 등)
공과금 이체계좌	주민등록 초본(등본) 및 본인 명의의 공과금 납입영수증 (전기, 수도, 가스, APT 관리비 고지서 등)
아르바이트	고용주의 사업자등록증(사본), 근로계약서, 급여명세표 등 고용확인 서류
연구비 계좌	연구비 계약서와 지급 단체 사업자등록증 또는 증명서 등
사업자금 결제 목적	사업 거래 계약서 및 거래상대방의 사업자등록증 등
모임 계좌	구성원 명부, 회칙 등 모임 입증 서류
법인(사업자) 계좌	물품공급계약서(계산서), 전자 세금계산서(공급자용), 직전년도 재무상태표, 부가세 과세표준 증명원, 납세증명서, 기술보증기금의 벤처기업확인서 등
그 외의 계좌	개설목적을 확인할 수 있는 객관적 증빙서류 필요 주식/금융상품 거래 목적 : 타금융기관 주식/금융상품 거래내역서, 잔고확인서

(출처: 한국투자증권)

02
재취업을 준비하자

은퇴하면 크게 두 가지의 고민을 한다.

첫 번째는 재취업 도전에 대한 고민이다. 재취업을 하고 싶은 사람도 있을 것이고, 재취업을 포기하고 아예 본격적인 은퇴 생활을 시작하려고 하는 사람도 있을 것이다. 만일 후자라면 그냥 은퇴 생활을 시작하면 된다.

두 번째는 재취업 방향에 대한 고민이다. 자신의 전공과 경험을 살려 재취업을 시도할 것인지, 아니면 다른 분야에 도전할 것인지, 아니면 자영업의 길로 접어들 것인지에 대한 고민이다. 사람마다 처한 환경이 다르고, 생각하는 바가 다르므로 여러 가지 경우의 수가 있을 것이다.

내가 아는 어떤 사람은 은퇴 후에 뒤늦게 공부를 시작해서 박사학위를 받기도 했고 또 다른 사람은 건축기술을 배워서 혼자 열심히 집을 짓고 있다.

재취업에 대한 미련을 버리고 본격적인 은퇴 생활을 시작하려는 사람에게는 필요 없는 조언이지만 재취업에 대한 미련이 남아있는 사람이라면 몇 가지를 미리 준비해야 한다.

가장 먼저 필요한 것은 명함이다. 직장을 다니고 있을 때는 회사의 명함을 사용할 수 있었지만, 퇴사하고 나면 그 명함은 사용할 수 없다. 사람을 만나서 명함을 교환할 일이 있을 텐데 그때 명함이 없으면 뻘쭘하다. 이를 대비하기 위해서 명함을 만들어두자.

필자의 경우는 〈김대중 경제아카데미 원장 김대중〉으로 해서 명함을 만들었다. 주소는 집 주소를, 전화번호도 집 전화번호를 사용했다. 메일은 회사 메일 대신 네이버 메일과 지메일을 사용했다. 굳이 양면으로 할 필요는 없을 것 같아서 단면으로 제작했다. 을지로3가 지하상가에 가니 명함을 만드는 곳이 여러 곳 있었는데 비용은 생각보다 훨씬 저렴했다. 이렇게 제작한 명함은 이후 새로운 사람을 만날 때 요긴하게 사용했다.

이력서 준비

명함과 더불어 필요한 것은 이력서다. 이력서는 미리 준비해 두어야 한다. 은퇴하고 나서 무엇에 쫓기듯 이력서를 작성하지 말고 미리 여유가 있을 때 차분히 작성하는 것이 좋다. 이력서에는 자기소개서가 포함되는데 지원하는 곳의 성격에 맞추어 자기소개서도 달라야 한다. 마케팅을 원하는 회사에는 마케팅을 부각하는 자기소개서를 작성해야 하고 기획을 원하는 회사에는 기획을 부각하는 자기소개서를 작성하여야 한다. 따라서 이력서는 하나만 작성하지 말고 여러 종류의 이력서를 미리 작성해 두었다가 지원하는 곳의 성격에 맞추어 사용하여야 한다.

이력서와 자기소개서가 준비되면 필요 서류를 준비해 두어야 한다. 대표적인 것은 대학교 졸업증명서, 경력증명서, 각종 자격증 사본 등이다. 필요할 때마다 출력해도 좋겠지만 미리 여유가 있을 때 복사본을 만들어두자. 그럼 나중에 편하게 준비할 수 있다. 필자도 입사 지원 서류 파일을 만들어 그곳에 학교 졸업증명서, 경력증명서, 자격증, 표창장 등을 준비해 두었다.

지원서에 희망 연봉을 쓰는 란이 있다. 본인이 퇴직할 때 받았던 돈을 생각하면 안 된다. 그냥 편하게 '회사의 규정에 따름'이라고 쓰는 것이 마음 편할 것이다.

서재 활용

은퇴한 이후에는 아무래도 나태해지기 쉽다. 취침 시간이 늦어지고 그러다 보니 늦잠도 자게 되고 생활 리듬도 깨지기 쉽다. 재취업을 준비하는 단계라면 개인 서재를 활용하는 것이 좋다. 따로 서재가 마련되기 어려운 환경이라면 집 근처 도서관을 이용해도 좋을 것이다.

직장을 다닐 때 출근 시간에 맞추어 서재로 출근하고 퇴근 시간에 맞추어 서재에서 퇴근하는 습관을 계속 유지하는 것이 좋다.

고인이 되신 김대중 전 대통령께서는 민주화 투쟁 당시 오랜 기간 가택연금을 당하셨다. 그분은 항상 아침에는 양복을 입고 넥타이를 매고 서재로 출근했다가 퇴근 시간이 되면 서재에서 나와 평상복으로 갈아입었다고 한다.

03
실업급여는 반드시 챙기자

　　퇴직하고 나서 제일 먼저 찾아가야 할 곳은 각 지역의 고용센터다. 고용보험 수급자격을 얻어 실업급여를 받기 위해서다.

　　실업급여는 고용보험에 가입한 사업장에서 근무하다가 경영상 해고, 계약 기간 만료 등 비자발적 사유로 실직한 근로자가 근로의 의사와 능력을 갖추고 적극적으로 재취업 활동을 할 때 구직급여와 취업촉진수당을 지급하는 것이다. 흔히 실업급여를 실업에 대한 위로금이나 고용보험료 납부에 대한 대가로 지급하는 것으로 알고 있는데, 이는 오해에서 비롯된 것이다. 실업급여는 실업 기간 중의 생계안정과 적극적인 구직활동을 목적으로 지급되는 구직활동 지원금이다.

실업급여는 구직급여, 취업촉진수당, 연장급여, 상병급여로 구분된다. 취업촉진수당은 다시 조기재취업수당, 직업능력개발 수당, 광역 구직활동비, 이주비 등으로 나누어지고 연장급여는 훈련연장급여, 개발연장급여, 특별연장급여로 나누어진다.

구직급여는 퇴직 전 18개월간 180일 이상 피보험자로 근무하다가 비자발적 사유로 실직하였으나, 근로의 의사와 능력을 갖추고 적극적으로 재취업 활동을 하는 사람에게 해당된다. 따라서 구직급여를 받으려면 지정된 실업인정일에 출석하여 재취업 활동을 적극적으로 한 사실을 신고하여야 한다. 만일 본인 스스로 직장을 그만두거나, 중대한 귀책사유로 권고사직 또는 해고된 경우는 실업급여를 받을 수 없다. 본인 스스로 사표를 쓴 이유가 전직, 자영업을 위한 개인적인 사유라면 구직급여를 받을 수 없지만 스스로 사표를 쓴 경우라도 이직 회피 노력을 다하는 등 이직의 불가피성이 인정되고 정당한 사유로 인정되면 구직급여를 받을 수 있다.

구직급여는 수급자격이 있더라도 퇴직한 다음 날로부터 12개월의 수급 기간이 지나면 받을 수 없으므로 퇴직을 하게 되면 바로 거주지 담당 고용센터에 수급자격 신청을 하여야 한다.

조기재취업수당은 구직급여 수급자가 대기 기간이 지나간 후 소정급여일수를 절반 이상 남겨두고 재취업하여 12개월 이상 계속 고용되거나 사업을 영위한 상황에 해당하며 직업능력개발 수당은 실업 기간에 직업안정기관장이 지시한 직업능력개발훈련을 받는 상황에 해당한다. 광역 구직활동비는 직업안정기관장의 소개로 거주지에서 편도 $25km$ 이상 떨어진 회사에 구직활동을 하는 상황에 해당하며 이주비는 취업 또는 직업안정기관의 장이 지시한 직업능력개발훈련을 받기 위해 그 주거를 이전하는 상황에 해당한다.

훈련연장급여는 재취업을 위해 직업안정기관장의 직업능력개발 훈련지시 때문에 훈련을 수강하는 자에 해당한다. 개별연장급여는 취직이 특히 곤란하고 생활이 어려운 수급자에 해당하며 특별연장급여는 실업 급증 등으로 재취업이 특히 어렵다고 인정되는 상황에 해당한다. 상병

급여는 실업신고를 한 이후 질병으로 취업할 수 없어 실업의 인정을 받지 못한 상황에 해당한다.

구직급여 지급액

구직급여 지급액은 퇴직 전 평균임금의 60%에 소정급여일수를 곱해서 결정된다. 단, 상한액과 하한액이 설정되어 있는데 상한액은 1일 66,000원이며 하한액은 퇴직 당시 최저임금법상 시간급 최저금액의 80% × 1일 소정근로시간(8시간)으로 계산된다. 최저임금법상의 시간급 최저금액이 매년 바뀌므로 구직급여 하한액도 역시 매년 바뀐다.

구직급여를 받을 수 있는 기간은 아래 표와 같다.

〈구직급여의 소정급여일수〉

연령 및 가입기간	1년 미만	1년 이상 3년 미만	3년 이상 5년 미만	5년 이상 10년 미만	10년 이상
50세 미만	120일	150일	180일	210일	240일
50세 이상 및 장애인	120일	180일	210일	240일	270일

(출처: 고용보험 홈페이지)

실업신고를 한 후에 구직등록을 해야 하는데 본인이 직접 워크넷(www.work.go.kr)을 통해 신청하여야 한다. 이후 거주지 관할 고용센터를 방문하여 수급자격 인정을 신청한다. 수급자격 신청 전 교육을 필수로 이수해야 하는데 수급자격 신청 교육은 고용센터 방문 없이 온라인을 통해서도 수강할 수 있다. 수급자격을 인정받지 못하면 실업급여 신청이 불가하고 90일 이내에 재심사 청구를 할 수 있다. 인정받으면 구직급여를 신청하는데 1~4주마다 고용센터를 방문하여 실업인정 신청을 하여야 한다. 최초 실업인정의 경우 수급자격 인정일로부터 7일간 대기 기간으로 급여를 지급하지 않는다. 이후 구직활동을 전개하고 구직급여를 받는 절차를 거친다.

종신보험은 아내 앞으로

종신보험은 사망보험이다. 사망보험이란 보험에 가입한 사람이 사망했을 때 보험금이 지급되는 보험 상품이다.

종신보험은 피보험자가 사망할 때 계약액과 같은 보험금을 수익자에게 지급한다. 사람은 언젠간 죽는다. 따라서 종신보험에 가입했다면 보험금을 탈 확률은 100%다. 종신보험은 비록 자신이 직접 보험금을 받지는 못하지만, 유족이 그 보험금으로 경제적인 이득을 얻을 수 있으므로 상속용으로 유익하게 사용되는 보험이다.

종신보험의 또 다른 활용 방법이 있다. 아내를 위한 방법이다. 우리나라 남자와 여자의 수명은 여섯 살 정도의 차이가 있다. 아내가 남편보다 6년을 더 산다. 참고로 우리나라 여자의 수명은 세계에서 세 번째로 높고 남자의 수명은 열다섯 번째로 높다.

만일 남편이 아내보다 네 살이 많다면 아내는 남편이 죽고 난 후 약 10년을 혼자 살아야 한다. 설령 동갑이라도 아내는 남편 사후 6년을 홀로 지내야 한다. 만일 아내가 남편보다 여섯 살이 많다면 비슷한 시기에 같이 죽음을 맞이할 수 있겠지만 그런 경우는 거의 없을 것이다.

성당 할머니들의 이야기를 들어보면, 할아버지가 살아 있을 때와 할아버지가 죽고 난 다음에 할머니들의 마음이 많이 변했다고 한다. 할아버지가 살아있을 때는 자식들이 좀 서운하게 하더라도 그냥 지나친 일도, 할아버지가 죽고 난 다음에는 예민하게 느껴지더라는 것이다. 주위에서 대하는 것도 할아버지가 있을 때와 없을 때가 많이 차이 난다고 했다. 삼식이니 뭐니 하면서 때론 구박하는 할아버지지만 그래도 옆에 있는 것과 그렇지 않은 것은 정서적·경제적으로 차이가 크다는 것이다.

홀로 살아야 할 아내를 위하여

만일 할아버지가 죽으면서 종신보험금을 할머니에게 물려준다면 할머니는 할아버지의 부재를 돈으로나마 메울 수 있을 것이다. 당장 발생할 수 있는 경제적인 어려움을 할아버지의 보험금으로 극복할 수 있다면 그 또한 다행이다.

할머니들은 할아버지의 간병을 위해서 헌신적으로 간호를 하지만 막상 할아버지가 죽고 나면 할머니를 간병하는 사람은 없다. 자식이 있다고는 하지만 할머니가 할아버지에게 했듯이 그렇게 해줄 수는 없는 노릇이다. 결국할머니는 홀로 셀프 간병을 할 수밖에 없다. 할아버지는할머니에게 의지하며 투병하고 생을 마감하지만, 정작 할머니가 아플 때는 기댈 할아버지가 없다. 그저 가끔씩 들여다보는 자식만이 있을 뿐이다. 그래서 필자는 과거 강의 때마다 종신보험은 아내를 위해서 꼭 챙겨주자고 강조한 바 있다.

질병에 시달리고 거동이 불편해지며 말도 어눌해질 내아내를 위해 종신보험을 선물로 주자. 아내를 진정 사랑한다면 아내를 수익자로 하여 종신보험을 활용할 수 있도록 하자.

　2000년대 초에 유행같이 번진 종신보험 열풍으로 아마 제법 많은 사람이 종신보험에 가입되어 있을 것이다. 이제 필요 없다고 해약하지 말고 수익자를 아내 이름으로 변경해서 계속 유지하는 것이 필요하다.

　흔히 보험은 사랑이라고 말한다. 필자는 종신보험을 아내 사랑이라고 말하고 싶다.

05
자녀 문제에는 현실적으로 대처하자

은퇴를 앞둔 시점에 아직 자녀가 어리다면 교육비 걱정이 앞설 것이다. 특히 사교육비 걱정이 가장 크다.

결론부터 이야기해서 사교육비에 대한 과다한 지출은 절대적으로 통제해야 한다. 이렇게 말하면 사교육에 종사하는 분들이 싫어하겠지만 어쩔 수 없다. 사교육비에 지출을 많이 하면 좋은 대학을 가고 사교육비에 지출을 적게 하면 안 좋은 대학을 가는가? 그건 아니다. 사교육은 부모의 불안한 마음을 이용하여 교육비 지출을 늘리려고 하는 교육사업의 일종이다. 사교육비의 비중은 우리나라가 세계에서 단연 1등이라고 한다. 은퇴하기 전에, 사교육비에 투입할 돈으로 연금보험을 하나라도 더 가입하는 것이 현명할 것이다.

자녀의 결혼식도 마찬가지다. 분수에 맞게 결혼식을 올리면 될 것을 체면을 의식해서 호화 결혼식을 올리는 것도 어리석은 일이다. 결혼식을 검소하게 해서 아낀 돈으로 자녀의 자립을 도와주는 것이 낫다.

자녀가 결혼해서 독립했다면 자녀의 소유권이 바뀐 것도 인정해 주어야 한다. 아들이라면 며느리에게 소유권이 생겼고 딸이라면 사위에게 소유권이 생겼다. 그들끼리 잘 살도록 지켜봐 주는 게 부모의 몫이다.

필자의 아내는 아들에 대한 사랑이 극진하다. 지금도 외국에서 공부하고 있는 아들에게 김치를 비롯한 여러 가지를 보내준다. 그럴 때마다 필자는 이렇게 이야기한다. "여보, 우리 아들도 이젠 결혼했으니 당신 아들이 아니고 며느리 남편이에요. 우리 아들이 결혼식을 한 날부터 아들의 소유권은 당신에게서 며느리한테로 넘어갔어요." 하고 이야기한다. 아내는 농담으로 치부하지만 실제로 그렇다. 자녀의 인생은 자녀의 것이고 자녀가 스스로 헤쳐 나가야 한다.

예전에는 부모의 노후를 자식이 책임졌지만 이런 사회 통념이 서서히 바뀌고 있다. 이제는 자녀에게 늙은 부모를 봉양하라고 요구하는 것이 무리한 것으로 인식되고 있으며 현실과도 맞지 않는 이야기가 되고 있다. 마찬가지로 늙은 부모가 결혼한 자녀를 보살피는 것도 현실과 맞지 않는다. 자식이 스스로를 책임질 수 있도록 하는 것이 부모의 책임이다.

노후 파산에 대비하라

필자의 지인은 아들딸을 외국으로 유학 보냈다. 자녀들이 어려서 아내까지 같이 가게 되었다. 학비와 생활비를 합쳐 1년에 1억이 넘는 돈이 송금되었다. 두 집 살림을 하다 보니 이리저리 지출이 겹치고 그래서 모아놓은 돈이 없다. 증권회사 임원으로 2억 원가량의 연봉을 받았지만, 세금을 떼고 나면 실제 받는 것은 1억 4천만 원이고 이 중에서 1억은 송금하고 나머지로 본인이 생활하다 보니 남는 것이 없다. 연봉이 2억이라면 근로소득자 중에서 0.5%에 해당한다. 이렇게 고소득자도 결국 무분별한 자녀지원 문제로 본인의 노후 준비는 0점이 되어버린다.

장성한 자녀가 사업을 한다며 부모의 노후자금을 사업자금으로 가져가는 경우도 왕왕 있다. 부모 입장에서야 눈에 넣어도 아프지 않을 자식이 부탁하는 것이니 그리하겠지만 그 결과가 행복하지만은 않다. 자녀에게 사교육비, 사업비로 다 뜯기고 난 다음 부모 부양료를 지급하라고 청구소송을 해 보았자 이미 때늦은 일이다.

은퇴자의 노후자금은 신성불가침의 영역이다. 사랑하는 자녀에 대한 지원도 예외가 될 수는 없다. 노후자금에 문제가 발생하면 노후 파산으로 이어질 수 있기 때문이다.

06
슬기로운 금융 생활을 실천하자

　은퇴하기 전에 금융에 대한 기본적인 지식, 혹은 상식 정도는 알고 은퇴하는 것이 좋지 않을까 한다. 회사 다닐 때는 회사에 충실하고 이런 것들은 은퇴한 이후에 천천히 생각해 보겠다고 대답한다면 할 말은 없다. 하지만 여행을 가기 전에 여행 준비를 하고 이사하기 전에 이사 준비를 하듯 은퇴하기 전에 은퇴 준비를 하는 것이 필요하지 않을까 하는 것이 필자의 생각이다.

　기본적으로 알아야 할 것들이 꽤 있다. 여기에 대해서는 시중에 수많은 책이 나와 있으므로 한 권 정도는 정독할 필요가 있다.

단리와 복리의 차이, 고정금리와 변동금리의 차이, 금융기관의 종류, 예금자보호법, 환율, 역모기지론, 등기부등본 보는 법, 직접투자와 간접투자의 차이, 금융소득종합과세 등의 기본 상식은 은퇴 전에 미리 알아두고 은퇴하는 것이 어떨까 한다.

바뀌지 않는 것들도 있고 바뀌는 것도 있다. 단리와 복리의 개념은 바뀌지 않는 것이지만 세율, 법정 최고금리 등은 언제든 바뀐다. 바뀌는 것들을 알아보는 방법은 유용한 금융 사이트를 이용하는 것이다.

금융감독원의 파인(fine.fss.or.kr)

파인은 금융감독원에서 운영하는 금융소비자들의 정보 포털이다. 필자도 자주 이용하는 사이트이며 알찬 정보들로 가득해서 슬기로운 금융 생활을 영위하는 데 필수적이다. 몇 가지만 소개해 보면 다음과 같다.

1. 잠자는 내 돈 찾기: 은행, 보험사, 증권사, 우체국 등에서 거래한 이후 장기간 찾아가지 않아 잠자고 있는 내 돈을 빠짐없이 가장 빨리 찾을 수 있다.

2. 내 계좌 한눈에: 소비자가 전 은행 계좌를 한눈에 조회하고 불필요한 소액비활동성 계좌의 잔액을 이전·해지할 수 있다.

3. 금융상품 한눈에: 연금저축신탁, 연금저축보험, 연금저축펀드의 상품별 특징, 수익률 및 수수료 등을 비교 조회할 수 있다.

4. 상속인 금융거래 조회: 금융회사에 남아있는 사망자

의 금융재산 및 채무정보를 조회 신청할 수 있다.

5. 채권자 변동조회: 소비자가 본인의 채권 현황 및 변동내용을 스스로 확인할 수 있다.

6. 신용정보조회: 본인의 신용정보를 신용정보원에서 조회할 수 있으며 본인의 신용평점은 나이스평가정보 및 '코리아크레딧뷰로'에서 무료로 조회할 수 있다.

7. 금융상품 약관 조회: 금융소비자가 확인하고자 하는 금융상품의 표준약관을 조회할 수 있다.

8. 신용상담: 소비자가 본인에게 맞는 신용상담을 알아보고 신청할 수 있다.

이외에도 금융 꿀팁 300선, 금융자문서비스, 금융거래 계산기, 금융용어사전 등을 이용할 수 있으며 카드 포인트 조회도 가능하고 여러 금융회사에 등록된 본인의 자동이체 정보를 조회·변경·해지할 수 있다. 은행별 인터넷 환전수수료를 비교할 수도 있고 자신이 가입한 보험 상품의 세부보장내용, 실손보험 등의 상품 중복가입 여부를 확인할 수 있다. 본인이 보험계약자 또는 피보험자로 되어있는 보험계약 현황을 조회할 수 있다, 연금저축상품의 납입원금 대비 회사별·상품별 수익률, 수수료 정보 등도 알 수 있고 퇴직연금의 유형별 수익률, 총비용 부담률 정보도 알 수 있다.

이 사이트는 개인이 운영하거나 주식회사에서 운영하는 것이 아니라 우리나라 금융기관을 관리 감독하는 금융감독원에서 직접 운영하는 사이트다. 금융기관의 사이트라면 사심(私心)이 들어가 있는 사이트일 것이고 그래서 약간 경계를 해야겠지만 금융감독원의 사이트는 사심 따위 전혀 없는 사이트니 마음 편히 이용해도 된다.

피해야 할 사이트

반면 피해야 할 사이트도 있다. 유튜브에서 광고하는 금융 사이트들이다. 필자가 들어가서 확인을 해 보니 절반 이상이 전혀 영양가 없는 사이트였다. 솔직히 말하면 90% 이상이 과대포장 되어있었다.

금융회사에서 금융상품을 광고하기 위해서는 금융감독원의 허가를 받아야만 한다. 행여 금융소비자가 오해할 수 있는 문구가 있으면 금융감독원에서 허가를 내주지 않는다. 또한, 내부적으로 준법감시인이 존재하여 준법감시인의 허가를 받아야 광고할 수 있다.

하지만 유튜브에서 광고하는 것은 금융감독원의 허락도 받지 않고 준법감시인의 통제도 받지 않는다. 자신의 말에 책임을 지지 않으며, 책임질 필요도 없는 사이트다. 이런 사이트에 혹해서 아까운 돈을 버리지는 말아야겠다. 내 지갑을 노리는 사기꾼들은 오프라인뿐만 아니라 온라인에도 존재한다.

은퇴 전에 대범하게 살았더라도
은퇴했으면 슬기롭게 살아야 한다.

2장

내 수입을 제대로

파악하자

01

국민연금 바로 알자

국민연금은 모든 국민이 의무적으로 가입하고 있다. 은퇴한 이후에 수입이 끊길 때 국민연금에서 나오는 돈은 매우 고맙게 느껴진다. 국민연금의 가장 큰 장점은 내가 낸 돈보다 더 받는다는 것이다. 최초로 연금을 받는 시점에 과거의 소득을 현재가치로 재평가하여 연금액을 산정하고 연금을 받는 중에는 물가상승분에 따라 연금액도 오른다.

국민연금의 연금급여 종류에는 매월 지급하는 노령연금, 장애연금, 유족연금이 있고 일시금으로 지급하는 반환일시금과 사망일시금이 있다.

노령연금은 노후소득 보장을 위한 급여로써 국민연금의 기초가 되는 급여다. 가입 기간이 10년 이상이면 죽을 때까지 매월 지급 받는다. 장애연금은 가입 기간에 발생한 질병 또는 부상으로 인해 완치 후에도 장애가 남았을 때 장애 정도에 따라 일정한 급여를 받는다. 유족연금은 국민연금에 가입하고 있던 사람 또는 연금을 받던 사람이 사망하면 그에 의해 생계를 유지하던 유족에게 지급하는 연금이다.

반환일시금은 연금을 받지 못하거나 더 가입할 수 없는 경우 청산적 성격으로 받는 급여다. 사망일시금은 유족연금 또는 반환일시금을 받지 못하면 장제 보조적, 보상적 성격으로 받는 급여다.

1952년 전에 출생하신 분들은 국민연금을 60세부터 받았지만, 국민연금의 고갈 문제가 사회적 문제로 확대되면서 2013년부터 지급 시기가 늦추어졌다. 1953년생부터 1956년생 사이는 61세부터, 1957년생부터 1960년생 사이는 62세부터, 1961년생부터 1964년생 사이는 63세부터, 1965년생부터 1968년생 사이는 64세부터, 1969년생 이후부터는 65세부터 수령이 가능하다. 만 나이로 계산한다.

조기에 받는 경우

소득이 없어서 위의 기준보다 미리 받고 싶으면 기준 나이보다 5년 전부터 받을 수 있다. 다만 미리 받는 만큼 금액은 더 줄어든다. 60세를 기준으로 5년 전부터 받는 경우는 원래 나이에 비해서 70%, 4년 전부터 받는 경우는 원래 나이에 비해서 76%, 3년 전부터 받는 경우는 원래 나이에 비해서 82%, 2년 전부터 받는 경우는 원래 나이에 비해서 88%, 1년 전부터 받는 경우는 원래 나이에 비해서 94%를 받는다. 이를 표로 나타내면 다음과 같다.

출생연도	노령연금	조기노령연금				
1952년생 이전	60세	해당사항 없음				
1953~1956년생	61세	해당사항 없음				
1957~1960년생	62세	해당사항 없음				
1961~1964년생	63세	58세 (70%)	59세 (76%)	60세 (82%)	61세 (88%)	62세 (94%)
1965~1968년생	64세	59세 (70%)	60세 (76%)	61세 (82%)	62세 (88%)	63세 (94%)
1969년생 이후	65세	60세 (70%)	61세 (76%)	62세 (82%)	63세 (88%)	64세 (94%)

국민연금 신청 방법

　자격요건에 해당하는 나이가 되면 생일 3개월 전에 담당하고 있는 국민연금 지사에서 안내장이 발송되며 이 안내장에 따라 필요 서류를 갖추어 신청하면 된다. 필요 서류는 신분증, 본인 계좌번호, 본인의 혼인관계증명서(상세, 주민등록번호 전체 표출)다.

　국민연금공단 홈페이지에서 신청할 수 있으며 전화로는 신청할 수 없다. 각 지역에 있는 해당 국민연금공단을 방문해서 신청할 수도 있다.

　2008년 이전에 이혼, 사별 이력이 있는 경우에는 전 배우자와의 혼인 기간이 확인되는 제적등본(주민등록번호 전체 표출)이 추가로 필요하다. 이는 분할연금에 해당하는지 확인하기 위해서다. 분할연금제도는 혼인 기간 배우자의 정신적, 물질적 기여를 인정하고 그 기여분을 나누어 지급함으로써 이혼한 배우자의 안정적인 노후생활을 보장하기 위한 제도다. 배우자의 가입 기간(국민연금보험료 납부 기간) 중 혼인 기간(배우자의 가입 기간 중의 혼인 기간으로서 실질적인 혼인 관계가 존재하지 아니하였던 기간을 제외한 기간)이 5년 이상인 자가 아래의 요건을 갖추면 분할연금을 지급한다.

① 배우자와 이혼하였을 것, ② 배우자였던 사람이 노령연금 수급권자일 것, ③ 분할연금 수급권자 본인이 60세가 되었을 것(지급연령 상향규정 적용)

급여 수준은 배우자였던 사람의 노령연금액(부양가족연금액 제외) 중 혼인 기간에 해당하는 연금액의 1/2을 지급한다. 다만, 2016년 12월 30일 이후 분할연금 지급 사유가 발생한 건에 대해서는 분할 비율을 당사자 간 협의 또는 법원의 재판으로 달리 결정할 수 있다. 배우자였던 사람이 소득이 있는 업무에 종사하여 감액된 연금액을 받더라도 감액 전의 노령연금액을 기준으로 혼인 기간에 해당하는 연금액을 나눈 금액을 분할연금액으로 지급한다.

국민연금을 신청하면 연금지급개시는 해당하는 만 나이의 다음 달에 지급된다. 예를 들어 1964년 6월 8일생은 63세가 지급개시이므로 2027년부터 지급되며 생일이 6월이므로 7월부터 지급된다. 국민연금 지급날짜는 25일이므로 7월 25일부터 지급된다. 마찬가지로 1962년 12월 3일생은 63세가 지급개시이므로 2025년부터 지급되지만, 생일이 12월이므로 2026년 1월 25일부터 지급된다.

국민연금 고갈

국민연금에 대한 불신이 여전히 존재한다. 특히 젊은 층에서는 당장 생활하기도 힘든데 먼 훗날의 노후를 벌써 준비할 필요가 없다고 생각한다. 또한, 본인이 늙었을 때 과연 국민연금을 받을 수 있을지 의문스럽다는 생각을 한다. 하지만 우리나라가 망하지 않는 한 국민연금은 반드시 받는다. 국민연금 홈페이지에서는 아래와 같이 설명하고 있다.

〈국가가 망하지 않는 한 연금은 반드시 받습니다〉

국민연금은 국가가 최종적으로 지급을 보장하기 때문에 국가가 존속하는 한 반드시 지급됩니다. 설령 적립된 기금이 모두 소진된다 하더라도 그해 연금지급에 필요한 재원을 그해에 걷어 지급하는 이른바 부과방식으로 전환해서라도 연금을 지급합니다. 우리보다 먼저 국민연금과 같은 공적연금제도를 시행한 선진복지국가들도 초기에는 기금을 적립하여 운영하다가 연금제도가 성숙되면서 부과방식으로 변경했습니다.

현재 전 세계적으로 공적연금제도를 실시하고 있는 나라는 170여 개국에 달하지만 연금지급을 중단한 예는 한 곳도 없습니다. 심지어 최악의 경제 상황에 직면했던 80년대 남미 국가들과 90년대의 옛 공산주의 국가에서도 연금지급을 중단한 사례는 없습니다.

⑬
국민연금 임의가입이란?

　국민연금은 강제가입이다. 해당하는 사람은 모두 가입하여야 한다.

　국민연금 가입자는 사업장가입자와 지역가입자로 구분된다. 사업장가입자는 국민연금에 가입된 사업장의 18세 이상 60세 미만의 사용자와 근로자로서 국민연금에 가입된 자를 말하며 지역가입자는 국내에 거주하는 국민으로서 18세 이상 60세 미만인 자 중 사업장가입자가 아닌 사람은 지역가입자가 된다.

　여기서 드는 의문점은, 그렇다면 국민연금 가입자에 해당하지 않는 사람은 국민연금에 가입할 수 없는 것일까

하는 것이다. 그렇지 않다. 국민연금의 강제 가입요건에 해당하지 않은 사람들도 국민연금에 가입할 수 있다. 임의가입이라고 하는 것이다.

임의가입자의 요건은 ① 다른 공적연금 가입자의 무소득 배우자 ② 다른 공적연금의 퇴직연금 등 수급권자와 그 무소득 배우자 ③ 사업장가입자 및 지역가입자의 무소득 배우자 ④ 노령연금 수급권을 취득한 자의 무소득 배우자 ⑤ 18세 이상 27세 미만의 무소득자 등이다.

임의가입을 활용해서 국민연금에 가입하면 사적연금보험보다 더 높은 수익을 기대할 수 있다. 사적연금보험은 금융기관이 관리해서 수수료가 꽤 발생하지만 국민연금은 나라에서 관리하니 수수료가 거의 없기 때문이다. 남편은 국민연금에 대부분 가입되어 있지만, 아내가 국민연금에 가입되어 있지 않으면 임의가입제도를 활용하여 아내도 국민연금에 가입할 수 있다. 남편의 은퇴 후에는 남편도 국민연금을 받고 아내도 국민연금을 받으니 노후소득 확보에 도움이 된다.

유족연금 신청하기는 어떻게 할까?

유족연금은 국민연금에 일정한 가입 기간이 있는 사람 또는 노령연금이나 장애 등급 2급 이상의 장애연금을 받던 사람이 사망하면 그에 의하여 생계를 유지하던 유족에게 가입 기간에 따라 일정률의 기본연금액에 부양가족연금액을 합한 금액을 지급하여 남아있는 가족들이 안정된 삶을 살아갈 수 있도록 하기 위한 연금이다.

가입 기간이 10년 미만이면 기본연금액 40%에 부양가족연금액을 더한 금액이 된다. 그리고 10년 이상 20년 미만이면 기본연금액 50%에 부양가족연금액을 더한 금액이 지급되며 20년 이상이면 기본연금액 60%에 부양가족연금액을 더한 금액이 지급된다.

남편이 죽어서 아내가 유족연금을 신청하게 되면 아내의 임의가입분은 받지 못한다. 따라서 남편의 유족연금과 본인의 임의가입분을 비교해서 더 많이 나오는 쪽으로 선택하는 것이 현명하다.

04
연금보험이 자식보다 나은 이유

　의학기술의 발달로 인간의 평균수명은 계속해서 증가
하고 있다. 사람을 포함한 동물의 경우 성장 기간의 6배
정도가 정해진 수명이라고 한다. 사람은 대개 20세까지
성장하므로 120세까지는 살 수 있다는 이야기다. 여기에
노화와 관련된 유전인자를 조작하는 의료 기술이 발전함
으로써 인간의 수명은 획기적으로 늘어날 가능성도 있다.
수명이 늘어난다는 것은 노후생활 기간이 늘어난다는 것
을 의미한다.

　연금보험은 늘어난 노후생활을 대비하기 위한 보험이
며 죽을 때까지 지급 가능한 특징을 가지고 있다.

연금보험은 일정 기간 보험료를 내면 보험사가 보험료를 재원으로 연금지급에 필요한 자금을 운용하고 연금개시 때의 생존자에 대하여 매년 소정 금액의 연금을 지급하는 금융상품이다. 10년 이상 보험료 납부 후 연금을 받게 되면 연금소득에 대해서는 이자소득을 비과세한다. 혹시 보험료 납부 기간에 사망할 때는 낸 돈의 상당액에 해당하는 사망급부금을 수익자가 받을 수 있다.

은퇴 후에는 수입원이 없어지기 때문에 노년의 소득원으로서 연금보험의 역할은 매우 중요하다. 또 나이가 들수록 자금관리 능력도 떨어지기 때문에 노후자금을 연금보험에 맡기고 의지한다면 더욱 효율적인 방안이 될 것이다.

노후에 국민연금에서 지급되는 연금은 최저생계비 정도로 예상된다. 이 돈으로 풍족한 노후를 기대하긴 힘들다. 국민연금과 더불어 여유 있는 노후를 위해서라도 연금보험은 필요하다.

연금보험은 일명 '여자를 위한 보험'이라고도 한다. 여자가 남자보다 더 오래 살기 때문이다. 남편 없이 혼자 살아야 하는 여자에게 연금보험에서 매달 나오는 보험금은 매우 큰 도움이 될 것이다.

연금보험이 자식보다 좋은 3가지 이유

필자는 교보증권에서 오랜 기간 근무하였는데 교보증권의 모회사가 교보생명이다. 언젠가 교보생명을 방문한 적이 있었는데 어느 영업소장이 연금보험 교육을 하는 것을 목격했다. 그 영업소장은 연금보험이 자식보다 좋다고 했다. 이유는 첫 번째, 자녀가 다 크려면 최소한 25년은 투자해야 하지만 연금보험은 몇 년이면 된다. 두 번째, 자식을 낳으려면 열 달이나 고생하고 해산의 고통까지 겪지만, 연금보험 가입하는 데는 시간도 걸리지 않고 고통도 없다. 세 번째, 자식은 25년 이상 길러도 노후에 용돈으로 월 20~30만 원을 주게 될지 의문이지만 연금보험은 노후에 매달 몇십 만 원씩 죽을 때까지 책임져 준다는 것이다. 나름대로 일리 있는 이야기인 것 같아서 나도 모르게 고개를 끄덕거렸다.

실제로 여대생 500명을 대상으로 자신의 집을 꾸며보라는 설문조사 결과 부모님이 거처할 방을 마련할 사람은 단 한 명도 없었다고 한다. 재미있는 것은 애견을 위한 개집은 있었다는 사실이다. 노후에 믿을 것은 자식이 아니라 연금보험이라는 말이 괜히 나오는 것이 아니다.

05
국민연금, 개인연금
지급금액 파악하기

　　국민연금 홈페이지에서 내가 받을 국민연금과 개인연
금이 얼마인지 알아보자.

　　국민연금 홈페이지(www.nps.or.kr)에 접속하면 아래와
같은 화면이 나온다. 여기서 중간에 '자주 찾는 민원서비
스'를 클릭한다.

그럼 아래와 같은 화면이 나오고 여기서 예상연금액
조회를 클릭한다.

내 연금을 알아보기 위해서는 공인인증서 로그인이 필요하다. 아래와 같은 화면이 나오면 확인을 누른다.

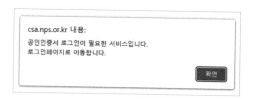

그럼 아래와 같은 공인인증서 로그인 화면이 나오며 여기서 로그인 과정을 거친다.

로그인 과정을 거친 후 다음과 같은 정보제공에 동의
한다.

내연금 알아보기

〉 연금보험 정보제공 요청 및 제3자 제공 동의에 관한 사항

[1.가입회사, 2.상품유형, 3.상품명, 4.가입일, 5.납입포험료, 6.총납입액, 7.적립금액, 8.납입종료(예정)일, 9.납입상태, 10.예시연금액, 11.연금개시(예정)일, 12.연금지급 종료(예정)일]
※ 향후 "금융실태사 등록 장"은 아래 신청인의 연금포험정보를 매칭 갱신하여 제공

· 마. 보유·이용기간
서비스 제공일로부터 5년 [「노후준비 지원법」 제17조제3항]

· 바. 동의거부권리 및 동의거부시 불이익
개인(신용)정보의 제3자 제공은 거부할 수 있으며, 이 경우 해당 정보가 없는 노후준비 서비스가 제공됩니다.

(필수) 「금융실명거래 및 비밀보장에 관한 법률」 제4조, 「개인정보 보호법」 제17조 및 「신용정보의 이용 및 보호에 관한 법률」 제32조에 따라 취의 동의 정보를 국민연금공단이 중앙노후준비지원센터에 제공하는 것에

☐ 동의 ☐ 동의하지 않음

〉 개인정보 수집·이용에 관한 사항

· 가. 수집·이용 목적
국민연금공단 '내연금' 홈페이지(노후준비포털)를 통한 연금보험 정보 조회 제공 및 공단의 노후준비 상담

· 나. 수집·이용할 항목
- 주요 항목
신청인 정보로 가입된 「보험업법」 제4조제1항제1호나목에 따른 연금보험, 「스득세법」 제20조의3에 따른 연금저축 계좌, 퇴직연금 계좌, 주택연금 가입 현황
[1.성별, 2.가입회사, 3.상품유형, 4.상품명, 5.가입일, 6.납입보험료, 7.총납입액, 8.적립금액, 9.납입종료(예정)일, 10.납입상태,

(필수) 「개인정보 보호법」 제18조(개인정보의 수집·이용)에 따라 취의 내용과 같이 본인의 정보를 국민연금공단이 수집하는 것에

☐ 동의 ☐ 동의하지 않음

〉 고유식별정보 수집에 대한 안내
개인정보보호법 제18조 제1항 제3호에 따라 정보주체의 동의없이 개인정보를 수집·이용합니다.

개인정보 처리 사유	항목	수집근거	보유기간
연금보험 정보 조회 제공 및 공단의 노후준비 상담	주민등록번호	노후준비 지원법 시행령 제18조 (고유식별정보의 처리)	서비스 제공일로부터 5년

▷ 취 고지사항에 대해 확인하였습니까?
☐ 확인하였습니다.

휴대전화번호	☐☐☐ - ☐☐☐☐ - ☐☐☐☐

• 근로복지공단 퇴직연금 정보가 없는 경우에는 안내 SMS를 보내드리지 않습니다.

☐ 취 사항에 대하여 일괄 동의합니다.

[확인] [취소]

아래와 같이 국민연금과 더불어 내가 가입한 개인연금의 내용도 조회된다.

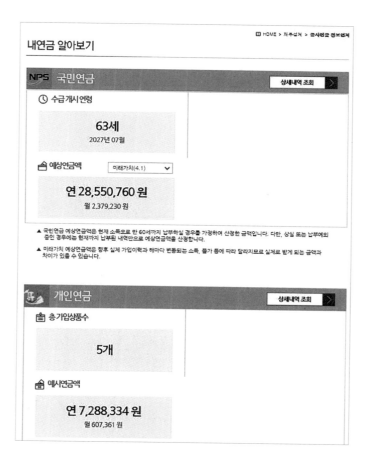

상세내역 조회를 누르면 자세한 사항을 알 수 있다.

06
퇴직연금제도를 살펴보자

예전의 퇴직금 제도는 법정 퇴직금 제도로 근속연수 1년당 30일 이상의 평균임금을 지급하는 것이었다. 퇴직급여충당금을 이용한 사내적립과 퇴직보험 및 퇴직신탁을 이용한 사외적립의 두 가지 방법이 있었다. 정부는 근로자의 퇴직금 수급권 보호와 노후보장을 위해 사외적립 방법을 권장해왔다. 하지만 퇴직금을 장부상으로만 적립한 회사들이 많아 회사가 문을 닫으면 근로자들은 실업과 체납의 이중고에 시달릴 위험에 늘 노출됐다. 또한, 기업으로서도 근로자 퇴직 시 대규모의 퇴직금 지급이 불규칙적으로 발생하여 기업경영에 부담을 주고 있었다. 여기에 연봉제, 중간정산의 확산, 짧아진 근속연수, 잦은 이직 등은 기존의 퇴직금 제도로는 사회 환경과 노동시장의 변화를 따라갈 수 없게 만들었다. 더군다나 기존 퇴직금 제도는 5인 미만의 사업장 근로자를 제외하고 있어 많은 근로자가 퇴직금의 혜택에서 배제되었다. 이에 따라 기존 퇴직금 제도의 불합리성을 개선하고자 퇴직연금제도가 새로이 도입되었다.

퇴직연금제도는 근로자들의 노후생활 보장을 위하여 퇴직금을 별도의 금융기관에 적립하고 근로자가 퇴직할 때 일시금 또는 연금으로 지급되는 제도다. 퇴직금이 사외에 유치되므로 회사에 문제가 있더라도 근로자의 퇴직금 수급권은 보장된다. 또 연금을 통해서 안정적인 노후자금 계획을 수립할 수 있고 세제 혜택으로 실질 소득이 증가하는 이점이 있다.

퇴직연금제도의 종류

확정급여형은 장래에 근로자가 받을 급여 수준이 사전에 결정되고 사용자가 부담할 금액은 적립금 운용실적에 따라 변동되는 방식이다. 이 방식은 장래에 받을 연금액이 정해지므로 근로자는 퇴직연금 운용에 책임이 없고 투자수익률이 높으면 기업의 부담이 줄어드는 장점이 있다. 반면 회사를 옮길 때 기존 퇴직연금 누적분을 가져가는 일이 어렵고 투자수익률이 낮아 기업경영이 나빠지면 근로자는 돈을 제대로 못 받거나 기업에 부담이 되는 단점도 있다. 따라서 이 제도는 회사경영이 안정적이고 이직이 적으며 정년이 보장된 기업의 근로자에게 유리하다.

확정기여형은 사용자의 부담금 수준이 사전에 결정되고 근로자가 받을 퇴직급여는 적립금 운용실적에 따라 변동되는 방식이다. 기업은 매년 근로자마다 정해진 액수를 부담하면 되고 운용책임이 없으며 투자수익률이 높으면 근로자 개인에게 이익이 돌아가고 기업경영이 어려워져도 별문제가 없다. 또 회사를 옮겨도 퇴직연금 누적분을 계속 이어갈 수 있다는 장점이 있다. 반면 투자수익률이 낮거나 운용을 잘못하면 모든 책임은 근로자 개인에게 돌아가고 기업은 투자수익률이 높아도 부담이 줄지 않으며 근로자의 충성도를 유지하기 어려운 단점이 있다. 따라서 이 제도는 회사 규모가 작고 변화가 크거나 직장을 옮길 가능성이 큰 근로자에게 유리하다.

개인형퇴직연금(IRP)은 근로자가 퇴직 시 받은 퇴직금을 운용하거나 재직 중인 근로자가 회사에서 적립해 주는 확정급여형 또는 확정기여형의 퇴직연금제도 이외에 자신의 비용으로 추가 적립할 수 있는 연금제도다. 퇴직 직후 바로 퇴직금 전액을 일시에 사용할 계획이 아닌 경우, IRP 계좌로 퇴직금을 이체하여 55세 이후 연금으로 받으면 일시금으로 받을 때 부과되는 퇴직소득세 30%를 줄일 수 있다.

07
부족한 수입을 늘리려면

　당연한 말이겠지만 수입이 부족하다면 수입을 늘려야 한다. 문제는 수입을 늘리는 것이 쉽지 않다는 것이다. 아니, 솔직히 말해서 매우 힘든 일이다. 그래도 어쩌겠는가. 수입이 부족하다고 그냥 걱정만 하고 있을 수는 없지 않은가. 무슨 일이든지 해야 할 것이고 찾아야 할 것이다.

　일단은 퇴직 전에 받았던 수입은 생각하지 말아야 한다. 절반, 아니 그 이하라도 수긍하는 자세가 필요하다. 퇴직 전과 관련된 업무뿐만 아니라 새로운 업무에도 도전해 보아야 한다. 퇴직 전에 사무직이었다고 새로운 업무도 사무직을 고집할 것이 아니라 몸이 건강하다면 육체노동을 해야 하는 분야도 고려해야 한다.

본인에게 맞는 다양한 아르바이트를 고민해 보자. 꼭 육체적으로 하는 아르바이트가 아니라 본인의 장점을 살린 부분을 찾는 것이 중요하다. 만일, 외국어에 능통한 사람이라면 통·번역 일을 할 수 있을 것이고 전문가라면 강의를 할 수도 있을 것이다.

실제로 대기업에서 간부로 은퇴한 후 택시기사를 한다거나, 배달업에 종사하는 모습을 꽤 보았다.

지하철에서 꽃바구니를 든 할아버지를 본 적이 있다. 처음에는 낭만적인 할아버지라고 생각했는데 알고 보니 꽃 배달 서비스 할아버지였다. 65세 이상이 되면 지하철 요금이 무료다 보니 이를 이용해 꽃 배달을 하는 것이었다. 올해 어버이날에 미국에 사는 아들이 꽃바구니를 보냈는데 그 꽃을 배달하러 오신 분도 꽃 배달 서비스 할아버지였다. 용돈도 벌고 걸어 다니니 건강에도 도움이 되는 일거양득이 아닌가 생각했다.

필자도 은퇴 후 워크넷에 들어가 희망 연봉을 1억 원으로 해서 구인업체를 조회해 보았다. 한군데도 검색되지 않았다. 8천만 원으로 조회했더니 역시 한군데도 조회되지 않았다. 6천만 원으로 조회했더니 겨우 세 군데가 나왔다. 그나마 영업직이었다. 이 이야기를 지인에게 했더니 지인은 쓴웃음을 지으며 '우리 50대 몸값은 3천만 원이야.' 하며 자조 섞인 말을 했다.

은행예금과 비교하면

얼마 전 재미난 사이트를 발견했다. '해 주세요'라고 하는 동네 심부름 사이트였다. 예를 들어 혼자 사는 여성이 죽어있는 바퀴벌레를 발견하고 이를 버리지 못해 도움을 요청하면 도움 주는 헬퍼가 바퀴벌레를 치워주고 얼마의 사례를 받는 식이었다. 궁금해서 자세히 보았더니 동네에서 하는 것이라서 이동시간은 많이 소요되지 않았다. 또한, 배달, 장보기, 청소, 설치, 조립 등의 일이어서 고난도의 일도 아니었다. 다만, 헬퍼로서 일을 할 때 신분을 제대로 밝히고 일을 해야 했다. 도움을 요청하는 사람으로서는 도움을 주는 사람의 신분을 제대로 아는 것이 필요할 것이다. 이렇게 받는 돈은 큰돈은 되지 못한다. 하지만 이런 적은 돈이 모이면 나름대로 적은 수입 역할은 할 것이다.

예를 들어 월 1백만 원의 수입을 올렸다고 가정하자. 1년이면 1천2백만 원의 수입이다. 이 정도 수입이 나오려면 얼마의 돈을 은행에 맡겨야 할까? 정기예금 이자가 2%라고 가정하자. 1억 원을 예금하면 2백만 원의 이자가 나온다. 세금을 떼고 나면 1,692,000원이다. 7억 원을 예금하면 1천4백만 원의 이자가 나오고 세금을 떼고 나면 11,844,000원이 나온다. 정확하게 709,219,858원을 예금해야 14,184,397원의 이자가 나오고 세금을 떼고 나면 12,000,000원의 이자가 나온다.

월 1백만 원의 수입이 적다고 생각할지 몰라도 7억 9백만 원을 예금해야 월 1백만 원을 받을 수 있다. 즉, 월 1백만 원의 수입은 7억 9백만 원의 은행예금과 같은 효과를 보인다.

위에서 필자의 지인이 50대 몸값이 3천만 원이라고 했는데, 그렇다면 3천만 원 연봉의 효과는 어떨까? 17억 7,305만 원을 예금해야 1년에 3천만 원의 이자를 받을 수 있다.

3장

내 지출을 꼼꼼히

기록하자

수입과 지출의 시소게임

　은퇴하고 나서 가장 먼저 은퇴를 실감하는 것은 인풋과 아웃풋의 불균형이다. 은퇴하기 전에는 인풋과 아웃풋이 균형을 이루었다. 월급이라고 하는 인풋과 생활비라고 하는 아웃풋에서 인풋이 아웃풋보다 많았던 관계로 큰 걱정 없이 하루를 보냈다. 그런데 은퇴를 하고 나면 인풋과 아웃풋이 역전된다. 역전도 역전이지만 큰 폭으로 역전된다. 이때는 은퇴를 절실히 실감한다. 그리고 걱정을 하다 못해 급기야 공포를 경험하기도 한다. 자산이 많은 사람이라고 다르지 않다.

　필자가 아는 사람 중에 은행 지점장 출신이 있었다. 나름대로 돈도 모았고 경제적으로 전혀 곤궁하지 않은 사람이었다. 은퇴 직후 이 사람을 만났는데 얼굴빛이 좋지 않았다. 건강이 안 좋으냐? 얼굴빛이 왜 그러냐? 혹시 무슨 고민이 있느냐? 하며 꼬치꼬치 캐물었더니 뜻밖의 답변이 돌아왔다. 통장에 들어오는 돈은 없고 나가는 돈만 있으니 마음이 불편하고 불안해서 잠이 오지 않는다고 했다. 당신은 이미 은퇴자금도 다 확보해 놓은 상태로 알고 있는데 뭘 그러느냐고 했더니 그게 아니란다. 자신도 이럴 줄은 몰랐단다. 막상 통장에 인풋은 없고 아웃풋만 생기니 초조해져서 마음의 여유가 전혀 생기지 않는단다.

이후 이분은 공인중개사 자격증을 취득해서 조그만 사무실을 내고 일을 하고 있다. 그 후에 다시 만나보았더니 얼굴이 그렇게 평화스러울 수가 없다. 요즘 무슨 좋은 일이 있느냐고 물어보았더니 적은 돈이지만 그래도 인풋이 생기니 전같이 초조하지도 불안하지도 않고 잠도 잘 온다고 했다.

남편의 소비, 아내의 소비

남편이 은퇴해도 아내의 소비성향은 크게 바뀌지 않는

다. 아내의 소비는 어차피 식비를 비롯한 생활비다. 먹고 사는 문제이기 때문에 남편이 은퇴했다고 아내의 소비성향이 바뀔 이유가 없다. 반면 남편의 소비는 크게 줄어든다. 일단 지출에 대한 위축감이다. 은퇴 전에는 친구들과 만날 때 와인을 마셨지만, 은퇴 후에는 소주를 마신다. 은퇴 전에는 일식집에서 친구를 만났지만, 은퇴 후에는 대폿집에서 만난다.

필자가 아는 선배들이 이구동성으로 하는 이야기가 있다. 은퇴하고 나니 생선회가 그렇게 먹고 싶다든가, 짜장면 한 그릇 사주는 친구가 그렇게 고맙다든가 하는 이야기다. 주머니 사정이 넉넉한 선배들도 그렇게 아웃풋에 대해서 위축된다. 이렇게 위축되는 이유는 인풋과 아웃풋에 대한 정확한 파악이 결여되었기 때문이다. 나의 지출을 정확히 파악한다면 필요 이상으로 소심하고 위축될 필요가 없을 것이다.

한 달 생활비는 얼마?

은퇴 후에는 들어오는 돈보다 나가는 돈이 더 많다. 직장을 다닐 때는 일정한 날이 되면 일정한 돈이 또박또박 통장에 꽂히지만, 은퇴 후에는 꽂히는 돈이 없다. 대신에 나가는 돈은 은퇴 전과 비교해서 변함이 없다. 앞으로 살아가야 할 날들을 계산하면서 제일 먼저 해야 할 일은 우리 집이 한 달에 생활비로 얼마를 쓰는지 알아보는 것이다.

이 작업은 남편 혼자 하는 것보다 남편과 아내가 같이 하는 것이 좋을 것이다. 그동안의 가정 살림은 아내가 했을 것이므로 아내의 조언을 구할 수 있다. 그런데 이 작업은 아내의 반발도 있을 수 있다.

필자도 집에 있을 당시 아내와 이 작업을 했다. 그런데 처음에는 아내의 반발이 있었다. 30년 동안 생활비에 대해 일언반구도 없던 사람이 갑자기 생활비를 파악한다고 하니 마치 감사를 받는 듯한 느낌이었다고 한다. 그런 것이 아니라 앞으로 우리 삶을 정비하기 위한 것이라고 구구절절 설명해서 겨우 아내를 이해시킬 수 있었다.

생활비가 나가는 통장을 보면서 하나하나 설명을 들었다. 건강보험, 전기요금, 가스요금은 매달 돈이 나갔고 수도요금은 두 달에 한 번씩 돈이 나갔다. 수도요금은 자가검침을 신청해서 600원을 감면받았고 전자고지를 신청해서 200원을 감면받았다. 전기요금은 자동납부를 신청해서 전기요금의 1%를 할인받았고 전자고지를 신청해서 200원을 할인받았다. 전기요금, 가스요금, 수도요금은 사용한 만큼 돈이 나가니 불만이 없는데 건강보험은 사실 좀 부담스러웠다.

'아이쿱'이라고 하는 생협에서도 지출이 있었고 '한마음한몸운동'이라고 하는 천주교 단체에서도 지출이 있었다. '바보의 나눔'을 비롯한 몇 군데에 정기적인 기부도 있었다.

가장 많이 나가는 돈은 카드 대금이었는데 이것은 통장만으로 파악이 되지 않았다. 카드 명세서를 확인해 보니 식료품이 대부분이었다.

고정지출 파악하기

가장 중요한 것은 고정비와 변동비의 구분이었다. 건강보험, 전기요금, 가스요금은 고정지출에 속하고 외식비 같은 것은 변동비에 속한다. 고정지출에 속하는 것은 아낄 수 있는 여지가 거의 없고 변동지출에 속하는 것은 아낄 여지가 있다.

사실, 아내와 나는 평생을 검소하게 살아서 사치와는 거리가 멀다. 그래서 변동지출이 차지하는 비중이 크지는 않았다.

아무튼, 이런 과정을 거쳐 우리 집에서 한 달간 지출되는 금액을 파악했다. 그리고 가지고 있는 돈을 어떻게 분배할지 계산했다. 석 달 정도의 생활비는 보통예금으로 유지하고 나머지는 금융기관에 예치하는 방법을 사용했다.

〈가계지출 항목분류〉

항목	세부내용
식료품비	주식비, 부식비, 기호품비, 외식비, 급식비 등
주거비	집세, 가구, 집기 등
광열수도비	전기, 가스, 수도료 등
피복비	의류, 침구류, 신발, 가방 등
보건위생비	약값, 의료비, 이·미용비, 화장품, 비누, 치약 등
교육비	교과서, 참고서, 문방구, 수업료, 학원비, 과외비 등
교통통신비	핸드폰, 버스, 전철, 택시비 등
교양오락비	신문, 잡지, 영화, 운동비 등
교제비	축의금, 위로금, 접대비, 선물대, 친목회비 등
제세 공과금	재산세, 지방소득세, 소득세, 사회보험료 등
저축	예금, 적금 등
기타	용돈, 헌금, 기부금 등

03
빛부터 청산하자

　필자는 겁이 많다. 무엇을 해도 이리저리 따지고 혹시 안 될 경우를 대비해 플랜 B를 만들곤 한다. 좋게 이야기하면 리스크 관리를 철저히 하는 것이고 나쁘게 이야기하면 모험심이 없는 것이다. 그래도 필자는 스스로 만족한다. 남들은 모험하다 무너지면 뒤에서 받쳐줄 부모님이나 형제자매가 있겠지만 필자는 기댈 사람이 없어 그저 조심조심하면서 살 수밖에 없었다. 그래서 집을 살 때도 될 수 있으면 융자를 얻지 않으려 했으며 빚을 얻는 것을 극도로 피했다. 물론 할 수 없이 빚을 얻는 경우가 종종 있었지만 그럴 때도 융자 기간 전에 미리 갚곤 했다.

빚이 무서운 것을 극단적으로 보여주는 것이 일본의 홈리스 사례다.

필자가 처음 일본에 갔을 때 신주쿠 역에 가득 찬 노숙자를 보고 깜짝 놀랐다. 이 노숙자들을 사람들은 홈리스(homeless)라고 불렀다. 아니, 일본은 부자 나라인데 어떻게 이렇게 노숙자가 많지? 하고 몹시 의아했다. 긴 지하철 통로 위에는 냉장고 포장 박스 같이 두꺼운 골판지로 자신만의 공간을 만들어 놓고 있었다. 궁금해서 같이 가던 사람에게 물었더니 기가 막힌 이야기를 들을 수 있었다.

일본의 부동산경기는 1988년까지 계속 상승하기만 했다고 한다. 소위 말하는 '거품경제' 시대였다. 집을 담보로 융자를 줄 때는 시세보다 낮게 주는 것이 상식적이다. 하지만 집값이 지속해서 그것도 큰 폭으로 상승하니 아예 상승할 것을 예상하여 융자를 주었다고 한다. 예를 들어 집값이 1억 엔이면 1.5억 엔으로 올라갈 것으로 예상하고 1.2억 엔을 빌려주는 식이다. 지금으로서는 상상하기 힘든 후진적인 시스템이지만 그때는 그랬다. 하지만 1989년 이후 집값이 꺾이면서 은행은 융자금을 회수하였고 돈을 갚지 못한 사람은 집을 빼앗길 수밖에 없었다(이때 나온 유명한 말이 '은행은 날이 맑을 때는 우산을 빌려주고 막상 비가 오면 우산을 회수해 간다'이다). 결국, 집을 빼앗기고 가정은 붕괴되어 거리로 나앉게 된 것이다. 그 사람들이 신주쿠역에 가득 찬 노숙자들이었다. 한때는 대기업의 부장, 차장을 지냈지만, 빚 무서운 것을 몰랐던 죄로 차가운 길바닥에서 여생을 보내게 된 것이다.

신용카드도 빚이다

또 하나 무서운 것이 신용카드 빚이다. 신용카드를 사용하는 것은 외상으로 물건을 사는 것이다. 기한 내에 갚지 못하면 연체 수수료도 부담해야 한다. 연체 수수료는 생각보다 매우 높다.

카드의 원래 취지는 현금을 가지고 다니는 불편함을 없애기 위해서인데 어떻게 하다 보니 소비를 촉진하는 역할을 하고 있다. 문제는 신용카드를 빚으로 인식하지 못하는 사람이 대다수라는 것이다. 가장 불행한 경우는 신용카드 빚으로 신용불량자가 되는 것이다. 연체 수수료까지 추가 부담을 지게 되면 더더욱 악순환에 빠진다.

빚은 정말 조심해야 한다. 더군다나 은퇴 후의 빚은 더

더욱 조심해야 한다.

만일 신용카드의 유혹에서 벗어날 수 없다면 아예 신용카드 대신 현금을 사용할 것을 권한다. 신용카드를 사용할 때와 달리 현금을 사용하면 확실히 소비한다는 기분이 들기 때문이다.

04
가장 무익한 지출 찾기

　은퇴 후에는 불필요한 지출을 줄여야 한다. 수입은 마음대로 늘릴 수 없지만, 지출은 마음먹은 대로 줄일 수 있다. 지출은 최대한 줄이고 무익한 지출은 줄이는 것이 아니라 아예 없애야 한다. 자금흐름을 갉아먹기 때문이다.

　대표적인 것이 은퇴하였는데도 불구하고 여전히 아파트 융자금을 갚아나가야 하는 경우다. 이런 경우 당연히 집에 대해 구조조정을 해야 한다. 좀 더 작은 집으로 옮기더라도 은행 빚은 정리하는 것이 좋다. 물론 반론을 제기할 수 있다. '앞으로 집값이 계속 오를 텐데 그렇다면 은행 이자보다 더 높은 수익을 올릴 수 있을 것이다. 그렇다면 굳이 은행 빚을 갚고 작은 집으로 옮기는 것이 필요하겠는가?' 하는 반론이다. 물론 그럴 수 있다. 필자도 공감한다. 하지만 여기에는 중요한 전제가 잘못되어 있다. 바로 집값이 계속 오른다는 전제다. 과연 집값이 계속 오를까? 자산가치의 변동을 예측하는 것은 무의미하다. 은퇴후의 삶은 좀 더 보수적이고 안정적이어야 한다. 언제 오를지 모르는 집값에 베팅하며 마음을 졸이는 것보다 은행빚을 갚으며 마음 편히 사는 것이 더 낫다.

향후 집값 전망에 대해서 한마디 하겠다. 필자의 개인적인 의견이므로 새겨들을 필요는 전혀 없다. 필자는 부동산 전문가가 아니기 때문에 그냥 하나의 의견으로 생각하고 무시해도 좋을 것이다.

필자의 아주 보수적인 견해는 다음과 같다.

첫 번째, 향후 집값은 물가상승률보다 더 오르지 못한다.

두 번째, 집값은 서울의 중심지를 제외하고는 오르지 못한다.

세 번째, 서울 중심지 집값도 물가상승률 정도의 상승밖에 보이지 못한다.

감히 이렇게 예측해 본다. 물론 필자의 이 같은 예측은 무시해도 좋다. 하지만 아직도 아파트의 은행 대출이자를 갚고 있다면 필자의 견해를 한 번 되새겨보기를 바란다. 행여 예측이 잘못되어 향후 집값이 큰 폭으로 상승한다면 기회이익을 놓친 것에 불과하지만 향후 집값이 큰 폭으로 하락한다면 노후 파산으로까지 연결된다.

대출이 남아있다면

또 한 가지, 은행 빚으로 집을 사는 것은 투자 행위이고, 그중에서도 레버리지 행위다. 생각대로 집값이 올라간다면 좋겠지만 반대로 집값이 하락한다면 집값 하락분의 몇 배를 손실로 떠안아야 한다. 은퇴 후의 손실은 극복하기 힘들다. 자칫하다가는 일본의 홈리스처럼 될 수도 있다. 이미 우리나라에도 하우스푸어(house poor)라는 말이 있다.

빚이 있다면 빚부터 갚자. 당연한 이야기겠지만 대출 이자보다 높은 저축 이자는 없다. 은행에서 대출을 받으면서 또 한편으로 은행에 예금을 하고 있다면 예금으로 대출을 갚는 것이 필요하다. 굉장히 상식적인 것인데 의

외로 이를 소홀히 하는 경우가 많다. 왼쪽 주머니에서 대출금 이자가 나가고 오른쪽 주머니로 예금이자가 들어오면 그 합계는 마이너스다.

가계 비상금 확보하기

필자가 대학교 4학년 때의 일이다. 인천 월미도에 놀러 갔다가 서울로 돌아오는데 밤이 늦어 전철이 중간에서 끊겼다. 인천역에서 개봉역까지 가는 전철은 있었는데 개봉역에서 제기역으로 가는 전철은 이미 끊겼다. 개봉역에서 제기역까지 걸어가기에는 꽤 먼 거리였다. 더군다나 추운 겨울이라 걷기에는 무리였다. 택시를 타고 싶었지만, 돈이 없었다. 당시 필자는 고대 앞에서 혼자 자취를 하고 있어서 도와줄 사람도 없었다. 개봉역에서 내려 어쩌나 하고 망연자실했던 기억이 있다.

그 이후로 항상 지갑에 비상금을 넣고 다닌다.

이후 아들에게도 항상 지갑에 비상금을 넣고 다니라며 1만 원짜리를 두 번 접어 넣어줬는데 가끔 보면 항상 비어있었다. 비상금을 비상시에 쓰라고 했는데 왜 썼냐고 물어보면 비상시라서 썼다고 한다. 그렇다면 쓴 다음에 도로 그만큼 넣어놓아야지, 왜 안 넣어놓았냐고 했더니 깜빡했다고 한다. 아마 아들도 정말 긴급한 상황에 처하면 생각이 바뀔 것이다.

가계도 마찬가지다. 가계에도 비상금이 필요하다. 일반적으로 가계 비상금은 석 달 치 정도의 생활비로 많이 계산한다. 한 달 생활비와는 별도로 가계 비상금도 미리 확보해두기를 권한다. 퇴직 전에 만들어 놓은 마이너스 통장도 가계 비상금 확보에 좋은 방법이다.

금(gold)을 선물하자

가계 비상금으로 활용할 수 있는 것이 금(金)이다. 필자가 외부 강의를 나갈 때면 금에 관한 이야기를 많이 한다. 우리나라 남편들이 아내의 생일이나 결혼기념일에 가장 많이 사주는 것이 케이크, 꽃, 속옷 순이라고 한다. 필자는 케이크, 꽃, 속옷 대신 금목걸이, 금귀걸이, 금팔찌 등을 사주라고 권한다. 케이크는 먹으면 없어지고 꽃은 시들면 버려야 하고 속옷은 입으면 끝이지만 금은 남기 때문이다. 그리고 만약 가계에 비상사태가 발생하여 비 상금이 필요하면 선물받은 금을 팔아서 현금화할 수 있 다. 금은 시대를 불문하고 가장 오래된 귀금속 중 하나이 며 세계 어디서나 그 가치를 인정받고 있다. 달러가 통하 지 않는 곳은 있어도 금이 통하지 않는 곳은 없다. 앞으로 100년 뒤, 200년 뒤에도 가치를 인정받는 것은 금이다. 더 군다나 인플레이션에 대한 헤지 기능까지 가지고 있다.

가계 비상금을 현금으로 가지고 있기 싫으면 아내의 생일이나 결혼기념일에 금반지, 금목걸이 등을 꾸준히 선 물해 보자. 아내는 선물을 받아서 좋을 것이고, 남편은 선 물을 줘서 기분 좋을 것이고, 비상시에는 비상금의 역할 까지 하니 더 기분 좋은 일이다.

참고로, 금을 투자의 목적으로 사는 것은 권하지 않는 다. 가격변동이 예상을 넘어서기 때문에 투자수익을 얻으 려면 긴 시간이 필요하다. 금 시세는 1970년대 후반 10배 가까운 폭등이 있었고 20년 정도 하락세를 보였다가 다시 2000년 초반부터 2011년까지 10배 가까이 폭등하였다. 이

렇게 긴 시간으로 움직이기 때문에 개인이 투자하기에는
적합하지 않다. 물론 100년 이상 내다보는 장기상품이라
면 훌륭한 투자 대상이 될 것이다.

06
절세를 실천하자

    고정지출 중에는 세금도 무시할 수 없다. 가장 큰 부담은 재산세다.

    재산세는 토지, 건축물, 주택, 선박, 항공기 등에 부과하는 세금이다. 매년 6월 1일 소유한 재산을 기준으로 세금이 계산되며 7월 16일부터 7월 31일까지는 건물분 재산세와 주택분 재산세의 절반을 부담하고 9월 16일부터 9월 30일까지 토지분 재산세와 주택분 재산세의 절반을 부담한다. 재산세는 과세표준에 세율을 곱하여 산출세액을 계산하고 이에 세 부담 상한을 적용하여 내야 할 세금이 결정된다. 과세표준은 시가표준액에 공정시장가액비율을

곱해서 계산한다. 토지의 경우는 공시지가×면적의 70%
이며 건축물은 시가표준액의 70%, 주택은 주택공시가격
의 60%로 계산한다.

세율은 과세표준 6천만 원 이하는 0.1%, 1억 5천만
원 이하는 0.15%(누진 공제 3만 원), 3억 원 이하는 0.25%
(누진 공제 18만 원), 3억 원 초과는 0.4%(누진 공제 63만
원)로 계산한다. 세 부담 상한은 그해 재산세액이 전년도
재산 세액 대비 일정 비율을 초과하여 증가하지 않도록
한도를 설정하는데 토지·건축물의 경우는 150%, 주택은
공시가격 3억 원 이하는 105%, 3억~6억 원은 110%, 6억
원 초과는 130%를 기준으로 한다.

공시지가 8억 원의 경우를 예로 들어 계산해 보자.

공시지가 8억 원에 공정시장가액비율인 60%를 곱하
여 과세표준을 구하면 4.8억이 나온다. 3억 원 초과이므로
0.4%를 곱하면 1,920,000원이 나오고 여기서 누진 공제
630,000원을 빼면 1,290,000원이 나온다. 이 금액을 7월과
9월에 나누어 내면 된다.

만일 공시지가 9억 이하 1세대 1주택자라면 낮은 세
율을 적용받는다. 과세표준 6천만 원 이하는 0.05%, 1억

5천만 원 이하는 0.1%(누진 공제 3만 원), 3억 원 이하는 0.2%(누진 공제 18만 원), 3억 원 초과는 0.35%(누진 공제 63만 원)로 계산한다.

재산세에는 지방교육세와 도시지역분, 지역자원시설세가 붙어 나온다. 지방교육세는 재산세의 20%가 부과된다. 도시지역분은 도시계획에 필요한 상하수도 관리, 도로 관리, 공원관리 등의 비용을 충당하기 위한 세금이며 내 부동산이 도시계획구역일 경우에만 부과된다. 내 부동산이 도시계획구역인지 확인하려면 토지이음사이트(www.eum.go.kr)에서 확인하면 된다. 세금은 과표의 0.14%가 적용된다. 지역자원시설세는 소방과 관련된 세금으로 토지에는 부과하지 않고 건물에만 부과하는데 과표에 따라 0.04~0.12%가 부과된다. 따라서 재산세를 낼 때는 재산세, 지역자원시설세, 도시지역분, 지방교육세를 합한 금액을 내야 한다.

자동차세, 주민세

자동차세는 자동차를 소유하고 있는 사람에게 부과되는 세금으로 차종과 배기량을 기준으로 차령 경감 후 적용한다. 따라서 새 차는 세금을 많이 내고 오래된 차는 세금을 덜 낸다. 또한, 세금을 선납하면 일정 부분 할인을 해 준다. 1월에 선납하면 9.15%를 할인받는다. 이렇게 1년 치를 선납하고 중간에 차를 판매하거나 폐차를 하는 경우 구청 담당자에게 문의하면 일별 계산해서 돌려받을 수 있다.

자동차세에는 지방교육세가 따라붙는다. 지방교육세는 본인 지역의 교육재원 확보 및 교육 서비스 향상을 위해 내는 세금으로 자동차세의 30%다. 만일 자동차세가 40만 원이라면 지방교육세는 12만 원이다. 선납할인을 하게 되면 자동차세도 9.15% 할인받고 덩달아 지방교육세도 9.15% 할인받는 결과가 된다.

주민세도 있다. 주민세는 지방자치단체의 주민에 대하여 부과되는 세금이다. 세대주나 1년 이상 체류하는 외국인이 대상이며 1년에 한 번 낸다. 개인의 경우 8월 16일부터 8월 31일까지이며 지방자치단체별로 세금이 다르다. 다행히 금액은 적다. 주민세에도 지방교육세가 따라붙는다. 2021년 서울을 기준으로 주민세 4,800원 지방교육세 1,200원이 부과된 바 있다.

07
통신비 구조조정 하기

　고정 비용 중에는 통신비도 포함된다. 인터넷 비용과 휴대폰 비용이다.

　필자가 통신비를 점검하면서 인터넷 사용요금도 알아보았더니 매달 5만 원 정도가 나갔다. 왠지 비싼 느낌이 들었다. 그래서 좀 더 조사해 보았더니 유선방송과 같이 사용하면 2만 원도 되지 않는 요금으로 사용할 수 있었다. 돌이켜 생각해 보았더니 10년 정도를 비싼 요금을 주며 인터넷을 사용하였다. 회사에 다니느라 굳이 인터넷망 요금에 대해서 생각을 하지 않았고 몇만 원의 돈이라 따지는 것도 좀스러워 그냥 무관심으로 내버려 뒀는데 알고 보니 나는 소위 말하는 〈호갱〉이었다. 나중에 안 사항이지만 같은 인터넷망을 사용하더라도 고객지원센터에 전화해서 탈퇴하겠다고 말하며 요금 인하를 요구하면 인하해 주었다고 한다. 하지만 필자는 그런 시도를 한 번도 해 보지 않았다. 좋게 말하면 순진한 것이고 나쁘게 말하면 바보였다.

필자가 세상 물정 모른다고 흉보는 사람도 있을 것이다. 하지만 필자와 같이 이렇게 대범한 사람들도 꽤 있는 듯하다.

핸드폰 요금도 마찬가지였다. 핸드폰 기계를 일시금으로 사지 않고 할부로 사게 되면 이자를 부담해야 한다. 이자는 꽤 비싸다. 세 개 이동통신사 모두 6% 내외의 할부 이자를 부과하고 있었다. 은행에서 정기예금에 가입할 때 잘 받아야 3%대다. 그런데 아무 생각 없이 핸드폰 기계를 할부로 사게 되면 6%의 이자를 지급해야 한다. 말로는 요금에 포함되었다고 하지만 실제로는 전혀 그렇지 않다.

필자는 은퇴하기 전에 회사에서 핸드폰 요금이 지원된 관계로 굳이 핸드폰 요금을 아낄 생각을 하지 않았다. 회사에서 어련히 알아서 잘했을까 하는 생각만 했었다. 은퇴하고 나서도 그 요금제를 계속 사용하기도 했고 그냥 대리점 직원이 이야기하는 대로 대충 신청하였다. 핸드폰 요금이 원체 다양하고 복잡했기 때문에 따져볼 엄두가 나지 않았다. 그런데 차분히 들여다보니 내게 맞지 않는 요금제였다.

은퇴하고 나면 대부분 집에 있는 시간이 늘어난다. 집에서 와이파이를 사용한다면 굳이 많은 용량의 데이터가 필요 없다. 쓸데없는 부가서비스도 많다. 무료로 제공하는 서비스라면 신경 쓸 필요가 없겠지만 매달 몇백 원씩이라도 나가는 부가서비스라면 검토가 필요하다. 자신에게 맞는 요금제를 찾으면 한결 통신비를 절약할 수 있을 것이다. 최근에는 알뜰폰이 나와서 더욱 통신비를 절감할 수 있다.

알뜰폰 사용하기

처음에 알뜰폰이라는 말을 들었을 때는 '뭐야, 무슨 싸구려 아냐?' 하는 생각이 있었다. 알뜰폰이라는 명칭에서 나도 모르게 저렴한 핸드폰이라는 선입관을 가졌기 때문이다. 알고 보았더니 기존의 이동통신사 망을 그대로 사용해서 통화품질은 메이저 이동통신사와 같았다.

알뜰폰의 가장 큰 장점은 역시 저렴한 요금이다. 기존 이동통신망을 빌려 쓰고 있으므로 시설 설치비가 들지 않는다. 또한, TV 광고같이 비싼 마케팅 비용을 사용하지 않기 때문에 절감된 비용이 고스란히 소비자의 요금 인하로 이어진다.

약정이 없는 것도 장점이다. 기존 메이저 이동통신사의 경우 약정이 있어서 중간에 해지하기 힘들지만, 알뜰폰은 약정이 없어서 수시로 이동할 수 있다. 알뜰폰의 다양한 프로모션을 활용하면 메뚜기같이 여기저기 다니며 본인에게 맞는 저렴한 요금을 활용할 수도 있다.

단점이라고 하면 멤버십 혜택이 없는 정도인데 이는 충분히 감내할 만한 수준이다. 솔직히 필자도 오랜 기간 메이저 통신사를 사용하면서 멤버십 자격은 있었지만, 지금까지 사용한 것은 손에 꼽을 정도다.

알뜰폰은 생활보호대상자나 노인들이 사용하는 핸드폰이 아니다. 가성비를 따지는 현명한 소비자들이 사용하는 핸드폰이다. 그래서 가입자도 이미 1천만 명이 넘었다. 은퇴한 입장에서 통신비에 대한 점검이 필요하고 그 일환으로 알뜰폰을 추천한다.

단돈 100원을 아끼는 마음

수입은 최대한 늘리고 지출은 최대한 줄여야 한다. 최대한 줄이기 위해서는 습관을 바꿔야 한다. 은퇴 전에 대범하게 살았더라도 은퇴했으면 슬기롭게 살아야 한다. 제일 먼저 습관부터 바꿔야 한다.

단돈 100원을 아까워할 줄 알아야 한다.

필자는 외출할 때 습관적으로 가방을 가지고 다닌다. 젊었을 때부터 시작된 습관이라 지금도 여전히 가방을 가지고 다닌다. 가방을 가지고 나가지 않으면 뭔가 허전할 정도다. 가방 안에는 항상 우산이 있다. 만일 갑자기 비가 오면 가방의 우산을 꺼내서 쓴다. 하지만 대부분의 남자는 손에 뭘 들고 다니는 것을 싫어한다. 비 예보가 있어도 우산을 준비하지 않는다. 비가 오면 그때 우산을 사서 쓰면 된다는 주의다. 그래서 4명 식구에 우산만 40개다. 이런 습관부터 버려야 한다. 필요하면 그때 사는 것이 아니라 필요할 것을 대비해서 가지고 다녀야 한다. 그렇게 하나둘씩 습관을 바꿔나가야 한다.

은행수수료도 마찬가지다. 몇백 원, 몇천 원밖에 하지 않는다고 그냥 아무 생각 없이 이용하지 말고 무료 수수료인 곳을 찾아야 한다. 아니면 무료 수수료 조건을 물어보고 거기에 맞춰야 한다. 신용카드를 사용하고 내역을 받아보는 SMS 서비스도 필요 없으면 굳이 사용하지 않아도 된다. 3백 원밖에 나가지 않지만 1년이면 3천6백 원이고 10년이면 3만 6천 원이다.

충동구매도 은퇴 후에는 당연히 줄여 나가야 한다. 구매하기 전에 정말 필요한 물건인지 확인하고 가격은 적당한지 알아보고 대체할 수 있는 것은 없는지 알아보아야 한다. 나이를 먹다 보니 깜빡깜빡한다. 집에 있는 것도 깜빡해서 사는 경우가 많다. 이런 경우를 위해서 6개월이면 6개월, 1년이면 1년 해서 정기적으로 집에 있는 물건들을 정리 정돈하는 것도 필요하다. 정리 정돈을 해서 불필요한 것을 중고로 팔게 되면 집은 넓게 쓸 수 있어서 좋고 부수입도 생겨서 좋고 어떤 물건이 집에 있는지 확실하게 인지하고 새로 물건을 살 일도 없으니 일석삼조다.

정리 정돈을 잘하자

일본의 어떤 기업 사장이 쓴 정리 정돈을 강조한 책을 읽은 적이 있다. 그의 지론은 정리 정돈만 잘해도 기업의 실적이 좋아진다는 것이다. 일본인 특유의 정리 정돈에 대한 집착은 유명하다. 일본 영화나 일본 드라마를 보면 사무실에 항상 적혀있는 것이 정리 정돈이다. 실제 필자가 일본에 처음 갔을 때도 정리 정돈이 잘된 깨끗한 거리를 보고 무척 놀랐다. 불법주차가 하나도 없고 모든 차는 자기 집 안에 모두 넣어서 주차하고 있었다. 심지어 분리 쓰레기통도 정리 정돈이 잘된 모습이었다. 일본은 출입국신고서에서 비자를 붙여줄 때도 아주 반듯이 붙여준다. 세계 어느 나라에서도 볼 수 없는 모습이다. 한때 미국보다 더 부자였던 일본의 저력은 정리 정돈이 아니었을까 생각해본다. 우리도 정리 정돈을 통해서 지출을 최대한 줄여보자.

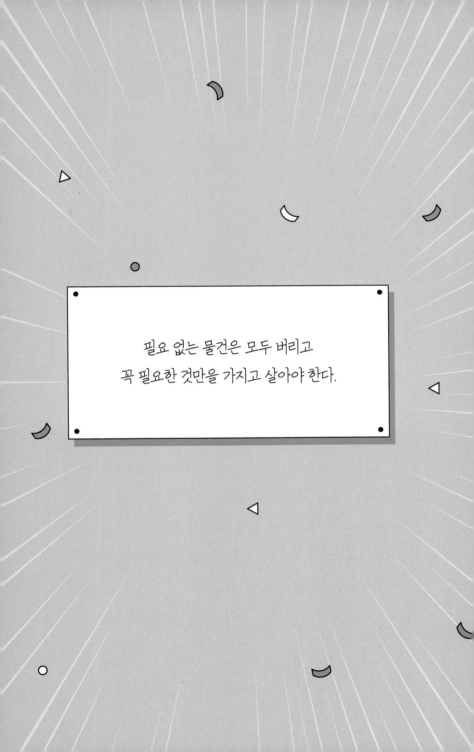

필요 없는 물건은 모두 버리고
꼭 필요한 것만을 가지고 살아야 한다.

4장

내 재산을 상세히

파악하자

01
효율적인 통장관리 요령

은퇴하기 전까지는 남편이 사용하는 통장과 아내가 사용하는 통장이 각각 있었을 것이다. 하지만 은퇴한 뒤에는 남편이 관리하는 통장과 아내가 관리하는 통장을 모두 취합해서 관리하는 것이 효율적이다.

각종 공과금과 생활비가 나가는 통장을 지정해두고 이 통장을 부부가 공동 관리하여야 한다. 만일 남편이 숫자에 밝지 못하다면 아내가 관리해도 좋을 것이고, 아내가 숫자에 밝지 못하다면 남편이 관리해도 무방하다. 중요한 것은 통장이 투명하게 관리되어야 하고 두 사람이 언제든지 확인할 수 있어야 한다는 것이다.

필자의 보험료는 필자의 통장에서 인출되었고 아내의 핸드폰 요금은 아내의 통장에서 인출되었다. 필자의 통장에서 매달 나가는 기부금도 있었고 아내의 통장에서 매달 나가는 기부금도 있었다. 필자의 통장에서 매달 나가는 신용카드 결제대금이 있었고 아내의 통장에서 매달 나가는 신용카드 결제대금이 있었다. 물론 두 통장에서 나가는 지출을 합해서 계산하면 될 일이지만 그래도 번거로운 것은 사실이다. 생활비와 관련된 통장은 하나로 통일하는 것이 효율적이다.

필자는 회사에 다니면서 월급은 거의 전적으로 아내에게 맡기고 통장은 전혀 들여다보지 않았다. 은퇴 후 우연히 통장을 들여다보았더니 몇천만 원의 돈이 보통예금 잔액으로 남아있었다. 아내는 돈 욕심이 없는 사람이라 그냥 그렇게 이자도 나오지 않는 보통예금 통장에 몇천만 원이라는 돈을 넣어두었다. 필자는 당장 아내를 대동하고 은행에 가서 돈을 출금한 다음, 동네에 있는 신협에 가서 비과세로 정기예금에 가입하였다. 이렇게만 하더라도 이자 수입은 증대된다. 은퇴 후의 수입에서 이자 수입은 큰 비중을 차지한다. 단돈 1원이라도 이자를 더 주는 곳에 예

금하겠다는 마음이 필요하다. 좀 걸어야 하고 찾아가야
하고 귀찮을지는 모르겠지만 0.1%라도 더 주는 곳에 예금
하는 것이 필요하다.

남편 혹은 아내와 공유하기

통장관리에서 가장 중요한 것은 남편 혹은 아내와 이
런 모든 사항을 공유해야 한다는 것이다. 부부 중에서 셈
이 밝은 사람이 주도적으로 통장을 관리하겠지만 그래도
그 내용은 늘 부부가 공유해야 한다. 남편이 주도적으로
통장을 관리하다 보면 아내는 그 내용을 모를 수 있다. 반
대로 아내가 주도적으로 통장을 관리하다 보면 남편이 그
내용을 모를 수 있다. 이를 방지하기 위하여 엑셀로 통장
리스트를 만들어서 현재 잔고는 얼마인지, 정기예금의 경
우에는 만기가 언제인지, 이율은 얼마인지를 기록한다. 이
렇게 기록된 리스트는 수시로 공유하여야 한다. 그래야
두 사람 중 한 사람이 행여 잘못되었을 때 남아있는 사람
이 당황하지 않는다.

부부가 이혼할 때 가장 먼저 하는 것이 각자 상대방이
모르는 재산을 숨기는 것이라고 한다. 특히 남자 쪽에서

아내 몰래 재산을 다른 곳으로 빼돌리는 경우가 많다고
한다. 나중에 재산 나눌 때를 대비해서다. 남편과 아내가
이렇게 통장을 공유하는 것만으로도 부부간의 신뢰는 더
쌓이지 않을까 하는 생각이 든다.

02
보험증서 정리해 두기

은퇴 후에는 별다른 소득이 없다. 연금보험에 가입했다면 연금보험에서 돈이 나올 것이고 건강보험에 가입했다면 병원비를 지원받을 수 있을 것이다. 젊었을 때 아무 생각 없이 들어놓은 보험이 뒤늦게 빛을 발하기도 한다.

내가 어떤 보험에 가입했는지, 그리고 나의 아내는 어떤 보험에 가입했는지 확인해 보자. 집에 보험증서가 있으면 그것을 확인해 보아도 좋고 은행에서 이체된 내용을 확인해 보아도 좋다. 보험회사가 망하고 합병하면서 나도 모르는 사이에 보험회사가 바뀐 경우가 많으므로 이 부분도 체크해야 한다. 필자는 ING생명에 종신보험을 가입했는데 어느 땐가 ING생명이 오렌지라이프로 바뀌더니 또 시간이 지나 신한라이프로 바뀌었다.

가장 좋은 방법은 본인 신용정보 열람서비스(www. credit4u.or.kr)를 이용하는 것이다.

본인 신용정보 열람서비스의 보험 신용정보에서 보험 계약현황을 클릭하면 아래와 같이 정액형 보장보험이 몇 건인지 실손형 보장보험은 몇 건인지 화재·특종 보장보험 은 몇 건인지 확인할 수 있다.

해당하는 보험의 보험증서를 가지고 있지 않다면 해당 보험회사에 전화해서 보험증서 재발급을 요청하면 받을 수 있다. 보험증서에는 보험의 종류와 증권번호, 주피보험자 등이 기본적으로 적혀있으며 보험 가입금액과 보험기간, 납부 기간, 보험료 등이 적혀있다. 이 보험증서를 통해서 기본적인 사항들을 확인할 수 있다.

보험증서를 모두 확보한 다음 서류철로 만들어두고 엑셀 파일로 보험 명세를 정리해 두는 것이 좋다. 엑셀 파일로 정리하는 이유는 아직 보험료를 내야 하는 기간이 남았을 경우 월별로 얼마의 돈이 보험료로 지출되는지 파악하는데 쉽기 때문이다.

엑셀 파일로 만들어 놓은 다음, 보험마다 보험료를 언제까지 내야 하는지, 보험금은 언제부터 받을 수 있는지, 그리고 얼마나 받을 수 있는지, 언제까지 받을 수 있는지를 모두 확인한다. 나에게 무슨 일이 생겨야 보험금이 지급되는지도 꼼꼼히 확인해 두어야 한다. 원래 이런 것들은 보험 상품에 가입할 때 따져보아야 하지만 우리나라의 보험 가입은 대부분 지인의 추천으로 이루어지다 보니 가입할 때는 별로 신경 쓰지 않는다.

은퇴한 시점에서는 보험의 역할이 지대하므로 반드시 나와 아내의 보험이 어떻게 유지되고 있으며 어떻게 도움이 될지를 파악하고 있어야 한다.

03
보험도 구조조정이 필요하다

　평소에 보험 상품을 하나도 가입하지 않은 사람들이 많다. 혹은 가입하고 싶은데도 경제 사정으로 가입하지 못하는 경우도 많다. 보험을 하나도 들어놓지 않으면 위기 상황이 발생했을 때 곤란한 처지에 빠지게 된다. 하지만 이보다 더 큰 문제는 많은 보험에 가입하여 비싼 보험료를 내면서도 내가 어떤 보험에 가입했는지 제대로 파악하지 못하는 경우다.

　그러다 보니 본인에게 정작 필요한 보험은 가입되어 있지 않고 어떤 보험은 중복 가입해 있기도 하다. 대여섯 개의 보험 상품에 가입하였음에도 불구하고 정작 암과 관련된 보험에는 가입되어 있지 않다면 암에 걸렸을 때 치료비는 고스란히 본인 부담이다.

보험을 구조조정하기 위해서 먼저 보험증서를 모두 열거해 보자. 그리고 보험약관을 한 번 읽어보자. 보험에 가입했을 때는 바빠서 보험약관을 읽을 시간도 없었겠지만 지금은 공부하는 셈 치고 차분히 읽어보자.

보험약관이란 보험계약의 모든 내용이 들어가 있는 것으로 보호 대상이 되는 각종 사고의 내용과 보상 범위가 적시되어 있다. 보험에 가입하였음에도 불구하고 보험사가 보험금 지급을 거부하거나 적은 금액만을 지급하는 경우는 대부분 약관의 내용에 기초한 것이다.

은퇴 후의 보험료 지출

은퇴 후에는 보험료 지출도 부담으로 다가온다. 처음 보험에 가입할 때부터 보험료 납부 기간을 은퇴 전으로 맞추는 것이 필요하다. 미리 작업을 해 놓은 경우는 은퇴 시기와 보험료 납입 완료 시기가 비슷하다, 하지만 은퇴 후 한참 동안 보험료를 내야 한다면 보험의 구조조정을 고민해 보아야 한다.

가장 먼저 보험료의 지출 규모부터 파악해본다. 내가 벌어들이는 수입 중에서 보험료로 지출되는 부분이 얼마나 되는지 계산해 보는 것이다. 보험이라고 하는 것은 사람마다 다 처한 상황이 다르므로 일괄적으로 몇 퍼센트를 보험료로 지급하라고 할 수는 없다. 여유가 있다면 많이 가입할수록 좋겠지만 그렇다고 생활비의 상당 부분을 보험료로 지출한다는 것도 부담이다. 은퇴 후는 수입이 없어진 시기이니만큼 저축성 보험이 일차적으로 구조조정 대상이다.

다음에는 보장 기간이다. 가입하고 10년, 15년, 20년이나 60세, 65세가 만기인 상품은 그 효용성에 문제가 있을 수 있다. 의료 기술이 발달함에 따라 평균수명이 연장되고 있는 상황에서 60세 혹은 65세까지만 보험 혜택이 주어진다면 그 이후의 위험에 대한 대책은 없다. 실제로 보험 혜택은 나이가 들수록 늘어가는 만큼 보장 기간에 대한 수치는 꼭 체크해야 한다. 만일 보장 기간이 짧다면 이 역시 구조조정 대상이다.

보장 기간과 더불어 보장 금액에도 신경 써야 한다. 보장 금액은 보험의 종류와 보험료에 따라 달라진다. 사고

가 발생했을 때 경제적인 문제를 해결할 수 있을 정도의
보장 금액이 되려면 얼마 정도의 보험료를 내야 하는지
계산해 보자. 현재 가입해 있는 보험의 보장 금액이 과다
하다면 적정하게 구조조정을 할 수 있을 것이다.

보험 해약 시 주의사항 바로 알기

　　보험에 가입했다가 중간에 해약하게 되면 해약환급금을 받게 된다. 해약환급금은 보험에 따라 비율이 다르다. 종신보험의 해약환급금은 얼마 되지 않지만, 연금보험의 해약환급금은 그나마 낫다. 종신보험의 경우 1년을 냈다가 해약하면 낸 돈의 3.5% 정도만을 돌려받는다. 2년 정도 내야 낸 돈의 30% 정도 돌려받는다. 연금보험의 경우 1년을 냈다가 해약하면 낸 돈의 70% 정도를 돌려받고 2년을 냈다가 해약하면 85% 정도를 돌려받는다. 어쨌든 이렇게 돌려받는 해약환급금의 비율이 낸 돈보다 적다 보니 보험에 가입하기를 망설이는 사람들이 많다. 보험회사들이 폭리를 취한다고 생각하기 때문이다. 하지만 사실은 그렇지 않다. 보험회사에서도 합리적으로 해약환급금을 산정하고 있고, 사실을 알고 보면 타당성도 있다. 이를 위해서 보험료라고 하는 것이 어떻게 산정되고 또 어떻게 구성되어 있는지를 알아둘 필요가 있다.

보험료는 위험의 범위에 대응하여 정해진다. 생명보험료를 산출하는 데 가장 우선시되는 것은 예정사망률이다. 한 개인이 사망하거나 질병에 걸리는 확률을 따져 그 확률이 높으면 보험료도 높게 책정되고 확률이 낮으면 낮게 책정된다. 예정이율과 예정사업비율도 보험료의 책정에 영향을 미친다. 계약자가 낸 보험료와 지급하는 보험금 사이에는 시차가 존재하는데 이 기간에 보험회사는 운용수익을 올릴 수 있다. 이 수익만큼 일정한 비율로 보험료를 할인해 주는데 이를 예정이율이라고 한다. 또 예정사업비율은 보험사업의 운용에 필요한 예상 경비를 미리 계산하여 보험료에 포함하는 부분을 말한다.

이렇게 산출된 보험료는 순보험료와 부가보험료로 나눈다. 순보험료는 다시 위험보험료와 저축보험료로 나누는데 위험보험료는 사망보험금, 장해급여금 등의 지급 재원이 되는 보험료이고 저축보험료는 만기보험금, 중도급부금 등의 재원이 되는 보험료다. 부가보험료는 신계약비, 유지비, 수금비 등이 포함되는데 신계약비는 모집수당, 증권발행 등의 신계약 체결에 필요한 제경비를 말하고 유지비는 계약유지 및 자산운용 등에 필요한 제경비를 말하며 수금비는 보험료 수금에 필요한 제경비를 말한다. 즉, 계약자가 보험료를 내면 초년도에는 부가보험료에서 많은 경비가 발생하게 되고 이 부분이 모두 비용으로 처리되기 때문에 환급받는 금액이 적어지는 것이다. 또 보장성 보험의 경우에는 가입한 기간의 위험보험료가 모두 공제되기 때문에 돌려받는 금액은 더욱 줄어든다.

해약환급금에 연연해하지 마라

보험에 가입할 때는 기분에 따라 막연하게 가입할 것이 아니라 처음부터 보험료를 낼 수 있는 기간과 금액에 신중을 기해야 한다. 은퇴 후의 수입이 불투명하다면 보험 납부 기간을 은퇴 전에 끝내라고 한 이유가 이것 때문이다. 비록 해약환급금이 많이 나오지 않더라도 필요한 경우에는 과감하게 보험을 구조조정하여야 한다. 해약환급금에 연연해서 구조조정에 나서지 못한다면 이 또한 소탐대실의 결과를 가져오게 된다. 다행스러운 것은 은퇴 시점에서의 보험 해약은 나름대로 보험 가입 기간이 꽤 되었을 것이기 때문에 상당 부분 돌려받을 것으로 추정된다는 것이다.

05
재산관리 1단계: 재무상태표 작성하기

　재무상태표는 현재 내 재산을 파악하기 위해서 작성한다. 왼쪽에는 자산을 기록하고 오른쪽에는 부채를 기록한다. 왼쪽의 자산총계에서 오른쪽의 부채총계를 빼 준 금액이 순재산이 된다.

　자산을 고정자산과 유동자산, 투자자산으로 구분해 보자. 여기에서 구분 방식은 필자가 임의로 정한 것이다. 작성하는 사람의 취향에 따라 다르게 구분할 수도 있다. 아래의 표는 홍길동의 재무상태표로 설명하기 쉽게 예시로 만들어 보았다.

　먼저 고정자산으로는 집과 자동차, 회원권, 귀금속 등

을 포함한다. 가장 큰 부분은 역시 거주하고 있는 집일 것이다. 만일 거주하고 있는 집 이외에 또 다른 집이 있으면 역시 기재하면 된다. 상가가 있으면 상가도 첨가해서 기재하면 된다. 금액은 살 때의 금액이 아니라 현재 시세를 기록한다. 집은 살 때보다 올랐을 것이고 자동차는 살 때보다 내렸을 것이다.

유동자산은 현금, 기타 언제든지 현금화시킬 수 있는 것들을 기록한다. 은행의 정기예금이나 정기적금, 저축은행이나 신협의 금융상품 등이다.

투자자산은 주식이나 채권같이 가치가 늘 변하는 것들을 기록한다. 처음에 산 값이 아니라 현재 평가금액을 기재한다. 그렇게 해서 자산총계를 기록한다.

다음은 부채다. 부채의 가장 큰 비중을 차지하는 것은 주택담보대출일 것이고 그다음이 마이너스 통장, 신용카드 등이 아닐까 한다. 이런 부채를 모두 더해서 부채총계를 구한다.

홍길동의 경우는 순수한 재산이 103,000-33,100=69,900이다. 즉 6억 9천9백만 원이 순재산이 된다.

〈홍길동의 재무상태표〉

(단위: 만 원)

자산		부채	
〈자산총계〉	103,000	〈부채총계〉	33,100
〈고정자산〉	83,000	주택담보대출	30,000
집	80,000	마이너스통장	3,000
자동차	1,000	신용카드	100
회원권	1,000		
귀금속	1,000		
〈유동자산〉	16,800		
현금	300		
CMA	400		
RP	500		
은행 정기예금	4,000		
은행 정기적금	1,000		
은행 청약저축	300		
저축은행 정기예금	5,000		
신협 출자금	300		
신협 정기예금	3,000		
공제회비	2,000		

〈투자자산〉	3,200		
주식	1,000		
채권	1,000		
펀드	1,000		
가상화폐	100		
P2P	100		

06
재산관리 2단계: 수입지출표 작성하기

　다음은 수입지출표다. 1년 동안의 수입과 지출을 모두 표기한다.

　은퇴한 직후에는 국민연금이나 개인연금에 의한 수입이 없겠지만 이해를 구하기 위해 65세 이상의 경우를 예로 들어서 설명해 본다.

　가장 먼저 예상되는 수입은 국민연금이다. 아내가 국민연금의 임의가입분에 해당한다면 아내에게서도 국민연금이 지급될 것이고 개인연금도 가입한 상품이 있으면 지급될 것이다. 이외에도 은행 이자, 저축은행 이자, 주식배당금 등이 수입으로 들어올 것이며 주택연금에 가입된 경우는 주택연금에서, 퇴직연금에 해당하는 경우는 퇴직연금에서 수입이 있을 것이다.

지출은 기본적인 생활비가 나갈 것이고 아직 자녀가 학생일 경우에는 자녀교육비가 추가될 것이다. 경조사비 등으로 나가는 품위유지비도 염두에 두어야 하고 의료비도 고려해야 한다. 의료비는 60세가 넘어가면서 서서히 증가했다가 70세가 넘어가면 급격히 증가한다. 자녀 결혼 비용은 목돈이 한꺼번에 나가기 때문에 이 또한 시기를 잘 조절해야 하며 세금과 건강보험료도 빼놓을 수 없다. 인터넷 요금, 핸드폰 요금을 포함한 통신비도 있다. 전기 요금도 있고 수도요금도 있다. 이렇게 해서 한 해 동안의 수입지출표를 완성한다.

홍길동의 수입지출표를 보면 수입은 2,360만 원인데 비해 지출은 3,000만 원이다. 640만 원의 적자가 예상된다. 이를 해결하기 위해서는 저축해 놓은 돈을 사용할 수밖에 없을 것이다. 한편으로 수입지출표를 보면서 왼쪽의 수입 부분에서 좀 더 늘릴 수 있는 부분이 없을까 고민하고 오른쪽 지출 부분에서 좀 더 줄일 수 있는 부분이 없을까 고민해 본다.

〈홍길동의 수입지출표〉

(단위: 만 원)

수입		지출	
〈수입 총계〉	2,360	〈지출총계〉	3,000
국민연금	1,200	생활비	2,300
개인연금	500	자녀교육비	-
아내 국민연금	240	품위유지비	200
아내 개인연금	120	의료비	100
은행 이자	20	자녀 결혼비용	-
저축은행 이자	30	세금	100
주식배당금	100	건강보험료	160
주택연금	100	통신비	40
퇴직연금	50	전기요금, 수도요금	100

⑦ 재산관리 3단계: 현금흐름표 작성하기

수입지출표가 작성되었다면 다음은 현금흐름표를 작성해야 한다.

홍길동이 55세에 은퇴하였고 아내는 52세이며 자녀는 각각 25세, 23세라고 가정하고 현금흐름표를 만들어 보자. 남편과 아내의 국민연금은 각각 65세부터 지급되고 남편의 국민연금은 월 100만 원, 아내는 월 20만 원이 지급된다고 하자. 개인연금은 각각 60세부터 지급되고 남편은 연 500만 원, 아내는 연 120만 원 지급된다고 하자.

생활비는 첫째 자녀가 결혼하기 전까지는 연 3,600만 원으로 하고 둘째 자녀가 결혼한 다음부터는 연 2,400만

원으로 가정하자. 두 자녀가 각각 33세에 결혼한다고 가정하고 결혼 비용은 각각 5천만 원으로 가정하자. 의료비는 남편이 65세부터 연 100만 원씩 점점 늘어나는 것으로 가정하자. 남편은 평균수명보다 5년 더 살아서 85세에 죽는 것으로 가정하고 아내도 평균수명보다 5년 더 살아서 91세에 사망한다고 가정하자.

이런 식으로 돈이 들어오고 나가는 현금흐름표를 작성하다 보면 어떤 지출을 줄여야 하는지도 알게 된다.

〈홍길동의 현금흐름표〉

나이				수입					지출						수입-지출	비고
남편	아내	첫째자녀	둘째자녀	국민연금	개인연금	아내국민연금	아내개인연금	소계	생활비	품위유지비	의료비	교육비	자녀결혼비용	소계		
55	52	25	23					-	3,600	200	10	2,000		5,810	-5,810	
56	53	26	24					-	3,600	200	10	2,000		5,810	-5,810	
57	54	27	25					-	3,600	200	10	1,000		4,810	-4,810	
58	55	28	26					-	3,600	200	10	1,000		4,810	-4,810	
59	56	29	27					-	3,600	200	10			3,810	-3,810	
60	57	30	28		500			500	3,600	200	10			3,810	-3,310	
61	58	31	29		500			500	3,600	200	10			3,810	-3,310	
62	59	32	30		500			500	3,600	200	10		5,000	8,810	-8,310	
63	60	33	31		500		120	620	3,000	200	10			3,210	-2,590	첫째 결혼
64	61	34	32		500		120	620	3,000	200	10		5,000	8,210	-7,590	
65	62	35	33	1,200	500		120	1,820	2,400	200	100			2,700	-880	둘째 결혼
66	63	36	34	1,200	500		120	1,820	2,400	200	100			2,700	-880	
67	64	37	35	1,200	500		120	1,820	2,400	200	100			2,700	-880	
68	65	38	36	1,200	500	240	120	2,060	2,400	200	100			2,700	-640	
69	66	39	37	1,200	500	240	120	2,060	2,400	200	100			2,700	-640	
70	67	40	38	1,200	500	240	120	2,060	2,400	200	150			2,750	-690	
71	68	41	39	1,200	500	240	120	2,060	2,400	200	150			2,750	-690	
72	69	42	40	1,200	500	240	120	2,060	2,400	200	150			2,750	-690	
73	70	43	41	1,200	500	240	120	2,060	2,400	200	150			2,750	-690	

74	71	44	42	1,200	500	240	120	2,060	2,400	100	150			2,650	-590	
75	72	45	43	1,200	500	240	120	2,060	2,400	100	200			2,700	-640	
76	73	46	44	1,200	500	240	120	2,060	2,400	100	200			2,700	-640	
77	74	47	45	1,200	500	240	120	2,060	2,400	100	200			2,700	-640	
78	75	48	46	1,200	500	240	120	2,060	2,400	100	200			2,700	-640	
79	76	49	47	1,200	500	240	120	2,060	2,400	100	200			2,700	-640	
80	77	50	48	1,200	500	240	120	2,060	2,400	100	250			2,750	-690	
81	78	51	49	1,200	500	240	120	2,060	2,400	100	250			2,750	-690	
82	79	52	50	1,200	500	240	120	2,060	2,400	100	250			2,750	-690	
83	80	53	51	1,200	500	240	120	2,060	2,400	100	250			2,750	-690	
84	81	54	52	1,200	500	240	120	2,060	2,400	100	250			2,750	-690	
85	82	55	53	1,200	500	240	120	2,060	2,400	100	250			2,750	-690	남편 사망
86	83	56	54			720	120	840	2,400	100	150			2,650	-1,810	
87	84	57	55			720	120	840	2,400	100	150			2,650	-1,810	
88	85	58	56			720	120	840	2,400	100	150			2,650	-1,810	
89	86	59	57			720	120	840	2,400	100	150			2,650	-1,810	
90	87	60	58			720	120	840	2,400	100	150			2,650	-1,810	
91	88	61	59			720	120	840	2,400	100	150			2,650	-1,810	
92	89	62	60			720	120	840	2,400	100	150			2,650	-1,810	
93	90	63	61			720	120	840	2,400	100	150			2,650	-1,810	
94	91	64	62			720	120	840	2,400	100	150			2,650	-1,810	아내 사망

은퇴자의 노후자금은 신성불가침의 영역이다.

5장

내 재산을 확실히

관리하자

01
하이 리스크 하이 리턴
(high risk high return)

'하이 리스크 하이 리턴(high risk high return)'이란 말이 있다. 아마 이 책을 읽는 독자라면 대부분 무슨 뜻인지도 알 것이다. 위험이 낮으면 수익도 낮을 것이고 위험이 크다면 수익도 높을 것이라는 의미다. 높은 안정성과 높은 수익성을 동시에 겸하고 있는 금융상품은 존재하지 않는다.

은퇴한 이후에는 내 재산을 지키는 데 초점을 맞추어야 한다. 비록 수익이 낮더라도 위험이 낮은 곳에 투자해야 한다. 젊은 사람들은 주식이니 코인이니 하는 변동성이 심한 곳에 투자한다고 하더라도 실패 후 재기할 수 있는 시간적 여유가 있겠지만, 은퇴한 이후에는 재기할 수 있는 시간적 여유가 없다. 따라서 일체의 투자 행위는 두 번 세 번 생각해 보아야 한다.

본인 스스로 어느 정도까지 위험을 감수할 수 있는지 생각해 두어야 한다. 내 재산이 10억이면 1억까지는 위험을 감수하겠다든지, 아니면 5천만 원이 투자 한도라든지 하는 기준이 필요하다. 위험이 하나 늘어난다면 최소한 수익도 하나 이상 늘어나야 투자가치가 있다. 위험이 셋 늘어났는데 수익은 하나만 늘어났다면 투자하지 않는 것이 현명하다. 낮은 위험에 비해 높은 이익을 거둘 확률이 높을 때만 투자에 나서야 하며 낮은 수익에 비해 위험의 확률이 높으면 당연히 포기해야 한다.

필자가 은퇴했을 때의 일이다. 재취업을 하고 싶은 생각에 취업사이트에 이력서를 등록했다. 두 군데에서 연락이 왔다. 한군데는 사금융회사였다. 그동안의 경험을 통해 좋은 실적을 올릴 수 있을 것이라며 꼬드기는 내용이었다. 과감히 수신 거부를 했다. 또 한군데는 투자를 원하는 곳이었다. 내가 대표이사를 맡고 일정 부분 투자를 해 주면 좋겠다는 내용이었다. 역시 수신 거부를 했다.

은퇴하고 나면 주변에 똥파리가 꼬인다. 이런저런 이유로 투자를 권한다. 현란한 말솜씨에 넘어가는 은퇴자들도 꽤 있는 모양이다. 조심해야 한다. 그렇게 좋은 투자처라면 본인이 은행에서 돈을 빌려 투자하면 되는 것이지 왜 투자를 권한단 말인가? 그 사람은 은행에서 돈을 빌릴 신용이 없거나 아니면 사기꾼일 확률이 99.9%다.

고정금리와 변동금리

금리는 고정금리와 변동금리로 나뉜다. 고정금리는 말 그대로 금리가 고정되어 만기까지 가는 것이고 변동금리는 금리가 변동되면서 만기까지 가는 것이다. 은퇴 후에는 고정금리에 초점을 맞추어야 한다. 고정금리 중에서 가장 높은 고정금리를 제시하는 금융상품을 골라야 한다. 변동금리는 고정금리보다 더 높은 수익을 제시하지만, 그것은 어디까지나 제시 수익률이고 확정 수익률이 아니다.

은퇴 후의 현금흐름은 변동이 심하면 안 된다. 왜냐하면, 은퇴 후의 지출은 대부분 생활비이기 때문이다.

결론은 다음과 같다. 은퇴 이후의 삶에서 투자할 수 있는 범위를 스스로 정해보자.

본인의 성격이나 처한 상황에 따라 전혀 투자하지 않는 사람도 있을 수 있고 본인 자산의 10%, 혹은 20%는 투자에 나설 수 있는 사람도 있다. 투자자금은 반드시 여유자금이어야 하고 설령 모두 손실을 보더라도 노후생활에 치명적인 영향을 끼치지 않는 범위 이내여야 한다.

02

선물, 옵션, 코인, P2P 투자 금지

결론부터 말하자. 은퇴한 입장에서 선물, 옵션, 코인, P2P는 하지 말자.

은퇴 후의 삶은 변동성을 늘리는 삶이 아니다. 최대한 변동성을 줄여야 하는 삶이다. 그런 맥락에서 선물, 옵션, 코인, P2P에 대한 투자는 하지 않는 것이 좋다.

선물은 기초자산이나 기초자산의 가격, 이자율, 지표, 단위 또는 이를 기초로 하는 지수 등에 의하여 산출된 금전 등을 장래의 특정 시점에 인도할 것을 약정하는 계약이다. 선물은 금융기관이나 전문투자자들만이 참여하는 게임이다. 일반인들이 같이 경쟁해서 이길 확률은 낮다.

더군다나 은퇴 후에는 돈을 불리는 것보다 지키는 것이 더 중요할 때다. 당연히 선물에 대한 투자는 쳐다보지도 말아야 한다.

옵션은 당사자 어느 한쪽의 의사표시로 기초자산이나 기초자산의 가격, 이자율, 지표, 단위 또는 이를 기초로 하는 지수 등에 의하여 산출된 금전 등을 수수하는 거래를 성립시킬 수 있는 권리를 부여하는 것을 약정하는 계약이다. 특히 주식시장에서의 옵션은 특정 상품을 매매할 수 있는 권리를 이야기한다. 옵션은 선물보다 더 정교한 시장이다. 선물은 '얼마나 올라갈 것인가? 얼마나 내려갈 것인가?' 하는 폭과 방향에 초점이 맞춰지지만, 옵션은 '언제 얼마나 올라갈 것인가? 언제 얼마나 내려갈 것인가?' 하는 폭과 방향, 시간에 초점이 맞춰진다. 따라서 선물보다 10배는 더 어려운 분야다. 이 분야 역시 금융기관이나 전문투자자가 헤지 등을 위해 참여하는 시장이다. 개인이 투자해서 이길 확률은 거의 없다.

2019년 증권사와 은행 직원들은 독일 금리와 연계된 파생상품을 안전한 상품이라고 소개하며 팔았다. "독일이 설마 망하겠느냐? 독일이 망하지 않으면 원금을 잃을 확률은 없다. 금리가 어떻게 마이너스로 가겠느냐?" 하며 팔았지만 결국 독일 금리는 마이너스로 하락했고 투자자들은 큰 손실을 보았다. 증권사와 은행 직원의 말대로 안전한 상품이었다면 증권사나 은행에서도 투자했어야 옳았다. 하지만 필자가 아는 한 그 상품에 투자한 증권사나 은행은 없었다.

또한, 이 펀드를 팔면서 외국계 IB에서 상품 판매 및 헤지를 하면서 3.43%의 수익을 가져갔고 은행은 펀드를 팔면서 1%의 수익을 가져갔다. 증권사는 DLS를 발행하면서 0.39%의 수익을 가져갔고 자산운용사는 펀드를 운용하면서 0.11%를 가져갔다는 점이다. 4.93%의 수익은 금융기관이 가져갔고 고객은 돈을 모두 손해 봐야 했으니 참으로 아이러니하다. 금융기관만 좋은 일 시키는 파생상품에 은퇴자가 굳이 투자할 이유가 없다. 모 은행에서는 투자 경험이 없고 난청인 79세 치매 노인에게도 이 상품을 팔았다고 하니 그저 가슴이 답답할 뿐이다.

가상화폐, P2P

우리나라에서 가상화폐가 등장하고 관심을 갖게 된 것

은 2017년이었다. 비트코인을 비롯한 알트코인(비트코인을 제외한 다른 코인, alternative coin)의 100배가 넘는 폭등 속에 사람들은 환호하였다. 하지만 기쁨도 잠시, 이후 지속적인 하락으로 투자금의 10%도 건지지 못하는 사례가 늘어나면서 가상화폐에 관한 관심은 싸늘하게 식었다. 이후 2020년 하반기부터 가상화폐는 다시 한번 화려하게 부활한다. 2017년에는 일부 소수의 선도적인 사람들이 가상화폐에 투자하였다면 2020년 이후에는 가상화폐에 대한 투자가 대중화된 느낌을 받는다. 아마 주위에서 가상화폐에 투자해서 큰돈을 벌었거나, 혹은 큰돈을 잃었다는 이야기를 종종 들었을 것이다.

이것 또한 은퇴자로서 피해가야 할 부분이다. 가상화폐는 주식과 큰 차이가 있다. 주식은 자본시장의 발전에 이바지하고 기업의 성장에 도움이 된다는 당위성이 있지만, 가상화폐는 그런 당위성이 전혀 없다. 또한, 인프라가 갖추어져 있지 않아 영세한 거래소와 투자자 보호 관점에서는 결코 좋은 점수를 줄 수 없는 분야다. 가상화폐에 대한 투자는 젊은이들에게 맡기자. 큰돈을 잃더라도 젊은이들은 회복할 기회나 시간이 있을 것이다. 하지만 은퇴한 입장에서 그럴 기회나 시간을 갖기란 힘들다. 처음부터 관심을 가지지 않는 것이 현명하다.

P2P(Peer to Peer)는 대출형 크라우드 펀딩이다. 크라우드 펀딩은 많은 사람이 돈을 모아 사업을 진행하는 펀딩이다. 이 중 대출형 크라우드 펀딩은 개인 또는 사업자에 대한 대출이다. 기간과 금리가 존재하고 투자금에 대해서는 확정된 이자가 지급된다.

온라인을 통해 모든 대출 과정을 자동화하여 비용을 줄이고 대출자에게 낮은 금리를 제공하고 투자자에게 높은 수익을 제공해서 서로가 윈윈할 수 있는 핀테크 서비스다. 초기에는 개인 신용대출이 주로 이루어졌지만 이후 부동산 담보 대출, 프로젝트 파이낸싱 대출, 소상공인 대출 등으로 발전하고 있다.

한때는 중위험 중수익의 대안 금융상품으로 관심을 끌기도 하였으나 많은 P2P 업체가 난립하다 보니 여러 가지 위험성이 뒤따른다. 그래서 금융당국에서도 개인투자자의 연간 투자액수, 한 P2P 업체에 대한 한도, 부동산 PF대출, 부동산 담보대출의 투자 한도 등 투자에 제한을 두고 있다.

P2P 투자는 예금자보호법도 적용되지 않고 원금보장도 되지 않으며 높은 연체에 시달릴 수도 있다. 서두에 이야기했듯이 은퇴 후의 삶은 변동성을 최대한 줄이는 삶이 되어야 한다. P2P 투자는 변동성이 심해서 자금흐름에 부정적인 영향을 미칠 뿐 아니라 행여 잘못되면 정신건강까지 해칠 수 있으므로 피하는 것이 맞다.

03
펀드 투자는 안전할까?

이것 역시 결론부터 말하자. 주식형 펀드는 이용하지 말자.

펀드는 여러 사람이 돈을 모아 한꺼번에 운용하는 자금의 모임이다. 펀드매니저라고 하는 전문가가 운용해서 일반인이 운용하는 것보다는 좋은 수익을 올릴 수 있다. 물론 시장이 좋지 않을 때는 펀드도 손실이 난다. 간단하게 말해서 펀드매니저의 실력이 좋으면 펀드의 수익도 높을 것이고 펀드매니저의 실력이 좋지 않거나 시장 상황이 좋지 않으면 펀드에 손실이 발생한다. 내가 직접 투자하기는 부담스럽고 펀드매니저는 전문가니까 손실을 내지 않고 이익을 내줄 것 같지만 사실은 그렇지 않다. 펀드 매니저도 결국은 보통 사람이고 인간이다. 펀드에 투자하나 주식에 직접 투자하나 마찬가지다. 오히려 주식은 내가 통제라도 할 수 있지만, 펀드는 내 의견을 반영시키지도 못한다.

펀드는 크게 주식형 펀드와 채권형 펀드로 구분한다. 말 그대로 주식형 펀드는 주식에 투자하고 채권형 펀드는 채권에 투자한다. 주식형 펀드는 다시 성장형, 안정성장형, 안정형 등으로 구분하는데 자세한 설명은 생략하기로 하자. 주식형 펀드는 주식시장에 크게 영향을 받는다. 주식시장은 수많은 변수에 의해서 급변한다. 그때마다 주가는 폭등하기도 하고 폭락하기도 한다. 주가가 상승한다면 기분 좋은 일이지만 주가가 하락한다면 불쾌한 것을 떠나 두려움과 공포에 휩싸이게 된다. 주식형 펀드는 변동성이 심한 상품이어서 은퇴자가 하기에는 적합하지 않다.

더군다나 우리나라의 경우 펀드의 수익률은 매년 들쭉날쭉한 모습을 보여 장기적으로 투자하기에도 적합하지 않다. 어느 펀드의 실적이 좋아서 가입하고 나면 그다음 해 그 펀드의 실적은 하위에 머무르는 경우가 허다하다.

필자는 〈효율적 간접투자상품으로서의 ETF 연구〉라는 제목으로 논문을 쓴 적이 있다. 논문에서 우수 펀드를 분석하였다. 2003년에 최고 수익을 올려 1위를 한 펀드는 삼성투신운용의 삼성장기증권B3이라는 펀드였다. 하지만 다음 해에는 597위로 떨어졌다. 2004년에 최고 수익을 올려 1위를 한 펀드는 세이에셋코리아자산운용의 세이고배당주식형이었다. 하지만 다음 해에는 259위로 떨어졌다. 2005년도도 마찬가지다. 2005년에 최고 수익을 올려 1위를 한 펀드는 신영투신운용의 신영마라톤주식(A형)이었다. 하지만 다음 해에는 314위로 떨어졌다.

이런 이유로 은퇴자가 주식형 펀드에 장기적으로 가입해서 돈을 관리한다는 것은 매우 어려운 일이다.

월지급식 펀드는 괜찮을까?

월지급식 펀드라고 하는 것이 있다. 은퇴자의 귀에 매우 솔깃한 이름이다. 월지급식 펀드는 과연 매월 돈을 지급하면서 내 돈도 안전하게 지켜주는 그런 펀드일까? 그렇지 않다.

필자가 월지급식 펀드를 처음 접한 것은 2000년 중반의 일본이었다. 일본의 증권사를 방문하여 금융상품을 조사하고 다녔는데 그때 필자의 눈에 띈 것이 '매월분배형 펀드'였다. 노무라증권을 비롯하여 닛코증권, 다이와증권 등 거의 모든 증권회사에서 매월분배형 펀드를 팔고 있었다. 몇 년 후에는 우리나라에서 월지급식 펀드라는 이름으로 판매를 개시했다. 초기에는 투자자들에게 상당히 호응을 받았다. 특히 은퇴한 분들이 월 지급식이라는 말에 현혹되어 많이 가입하였다.

하지만 월지급식 펀드 역시 주식형의 경우 시장이 좋지 않으면 손실이 발생하고 매월 수익을 지급하다 보면 원금에서 손실이 발생한다. 특히 브라질 국채를 편입한 경우에는 환율 리스크로 인해 손실이 더 크게 발생했다.

04
주식투자는 배당투자로

주식투자에 관심을 가지는 은퇴자들도 있을 것 같다. 시간적인 여유가 있으니 PC에 주식화면을 띄우고 단타를 쳐서 하루 용돈벌이를 하면 어떨까 하는 생각도 들 수 있을 것이다.

결론부터 말해서 말리고 싶다. 주식투자는 고도의 투자 행위라서 일반인들이 가벼운 마음으로 접근하는 것은 추천하기 어렵다. 주식의 위험성은 필자의 책《전국민 재테크 주식 투자 알고 합시다》에 자세히 기록되어 있다.

그래도 주식이 꼭 하고 싶다면 배당투자를 권한다.

배당이란 기업이 주주에게 한 해 동안의 이익을 나누어

주는 것이다. 물론 이익을 모두 나누어주지는 않는다. 이익의 일정 부분만을 나누어준다. 대부분 1년에 한 번 결산기가 지나고 나서 지급하지만, 회사에 따라 두 번 주기도 하고 분기마다 주기도 한다. 물론 회사의 실적이 좋지 않아 못 줄 때도 있다. 하지만 이때에도 사내

《전국민 재테크 주식투자 알고 합시다》(김대중 지음, 북오션 출판사, 2021)

에 유보된 이익잉여금을 활용하여 배당을 주기도 한다. 오랫동안 꾸준히 배당금을 지급한 회사들은 순이익이 꾸준해서 현금 창출 능력에 문제가 없고 현금흐름에도 여유가 있다는 공통점이 있다.

기업마다 배당에 대한 성향과 정책, 철학이 다르다.

삼성전자의 경우 주주환원을 통한 주주가치 제고를 위해 2018~2020년의 3년간은 잉여현금흐름의 50%를 주주환원 재원으로 활용하여 매년 3년간 총 9.6조 원 수준의 정규 배당을 하고 잔여 재원 10.7조 원을 특별 배당금 성

격으로 2020년 기말 정규 배당에 더해 지급한 바 있다. 또
한, 2021~2023년의 주주환원 정책에 따라 이 기간에도
잉여현금흐름의 50%를 재원으로 활용하되 정규 배당을
총 9.8조 원 수준으로 확대하고 잔여 재원이 발생하는 경
우는 추가로 환원할 계획이라고 밝혔다.

배당투자의 중요성

배당의 중요성은 저금리 시대가 되면서 새롭게 주목받
았다. 배당수익률이 높은 기업의 주식을 사면 1년 정기적
금 이자보다 더 높은 배당금을 받을 수 있기 때문이다. 주
가가 올라가면 시세차익을 얻을 수 있어서 좋고, 설령 주
가가 올라가지 않더라도 배당금을 받을 수 있어서 좋다.

높은 배당성향을 유지하는 회사의 장점은 주가에 하방
경직성이 존재한다는 것이다. 주가가 하락할 때마다 지지
선이 형성되어 주가가 쉽게 하락하지 않는 것을 하방 경
직성이 존재한다고 표현한다.

이 부분이 가장 중요하다. 은퇴한 후의 주식투자는 크
게 한 방을 노리는 것보다 안정성에 초점을 맞추어야 한
다. 다른 주식이 폭락할 때 내 주식은 폭락하지 않는 그런

주식을 사야 한다.

대신증권 우선주를 예로 들어보자. 대신증권 우선주는 2021년 1,450원의 배당금을 지급하였다. 배당부주가가 17,900원이었으므로 배당수익률은 1,450/17,900=8.1%에 달한다. 만일 주가가 하락하여 15,000원이 되었다고 가정하자. 이 경우 배당수익률은 1,450/15,000=9.7%가 된다. 주가가 더 하락하여 14,000원이 되었다고 가정하자. 이 경우 배당수익률은 10.4%가 된다. 이렇듯 주가가 하락할수록 배당수익률은 올라가게 되어 투자자들의 매수 심리를 불러일으키게 되고 주가는 쉽게 하락하지 않는다. 주식시장에 전체적으로 큰 충격이 왔을 때 대부분 종목은 큰 폭의 하락을 보이겠지만 이렇게 고배당 종목은 다른 종목에 비해서 하락하는 폭이 제한적이다. 대신증권의 베타계수가 0.49인 것을 보면 높은 배당성향이 주가의 하락을 막는 방패의 역할을 한 것임을 알 수 있다.

필자가 가급적이면 배당투자를 하라는 이유가 여기에 있다.

은퇴 후 창업의 위험성

05

　창업에 대한 열기가 뜨겁다. 청년들은 청년창업을 하고 은퇴자들은 은퇴 창업을 하며 가정주부들도 창업에 나선다. 가히 창업 전성시대다.

　특히, 은퇴자에게 창업은 달콤한 유혹이다. '평생직장의 시대가 아니라 평생직업의 시대다', '당신도 사장이 될 수 있다' 하는 문구는 매우 설득력 있게 다가온다.

　하지만 과연 창업이 모두 성공할까? 안타깝게도 창업의 성공률은 매우 낮아 약 15%만이 생존한다고 알려져 있다. 여기서 중요한 것은 생존이라는 단어다. 85%는 폐업을 해서 이미 사라졌고 15%는 생존했지만, 이 중 대부분은 겨우 현상 유지에도 버거운 것이 현실이다.

성공 확률을 높이기 위해 프랜차이즈 사업을 권하기도 한다. '업계 브랜드 인지도 1위를 차지하고 있는 ○○는 수많은 가맹점을 보유하고 있으며 ○○개의 지사, ○개의 복합물류센터를 보유하고 있어 안정성과 환금성이 뛰어납니다.' 하며 꼬드긴다.

필자의 생각을 말하면, 은퇴 후 창업은 하지 말자. 그냥 있는 돈 아껴가면서 살자. 창업에 나섰다가 실패하게 되면 그나마 있는 돈마저 날리게 되고 노년은 더 궁핍해진다. 젊었을 때 창업에 나섰다가 실패하면 재기할 시간이라도 있지만, 은퇴 후 실패하면 재기할 시간도 없다. 젊은이들의 창업은 헝그리 정신으로 무장하고 주차장에서 시작한다는 마음가짐이 있지만, 은퇴자들의 창업은 번듯한 사무실과 제대로 갖추어진 사무환경을 원하기 때문에 마음가짐부터 다르다. 어설프게 나서다가는 백전백패다.

솔직히 한 번 이야기해 보자. 정말 창업을 하고 싶었다면 더 일찍 했어야 했다. 본인이 생각한 아이템이 대박 아이템 혹은 수익성과 성장성이 좋은 아이템이라면 그때 회사를 그만두고 했어야 했다. 그런데 그동안 회사에 다니느라 하지 않았다. 당연히 다른 누군가가 시작했을 것이다. 회사를 그만두고 이제 할 일이 없으니 창업을 하겠다? 그런 안일한 마음으로는 성공하기 힘들다.

그래도 창업을 해야겠다면

창업에 대해서는 수많은 조언이 있고 수많은 서적이 나와 있으니 필자가 군이 언급할 필요는 없을 것 같다. 하지만 딱 두 가지만 이야기하고 싶다.

첫 번째는 정말로 본인이 관심이 있고 잘할 수 있는 것을 선택하라는 것이다. 돈을 많이 벌고 조금 벌고를 떠나 본인이 잘할 수 있고 평생 할 수 있는 것을 하라는 것이다. 비록 처음에는 벌이가 시원찮을지 모르겠지만 시간이 지나갈수록 수입은 안정될 것이고 실패의 확률도 점점 줄어들 것이다. 필자의 친구 중에 산악회를 운영하는 친구가 있다. 이 친구는 산을 정말 좋아하는 친구다. 돈도 돈이지만 본인이 정말 좋아하는 것을 하기에 표정은 늘 밝다. 최근에는 수입도 꽤 괜찮은 모양이다.

두 번째는 소위 말하는 밑천이 들지 않는 것을 선택하라는 것이다. 창업한다면서 사무실 구하고 보증금 내고 가맹비 내고 하면 시작부터 큰 비용이 수반된다. 가능하면 비용이 들지 않는 것을 선택해야 한다. 서울 시내에는 오래되고 유명한 음식점들이 많다. 그 음식점들이 시작할 때부터 그렇게 크게 한 것은 아니다. 처음에는 가마솥 하나 갖다 놓고 국밥을 끓이고 선지를 끓이다가 점점 식당도 커지고 장사도 잘되어서 돈을 번 것이다. 처음에는 소박하게 시작하자. 책걸상을 사더라도 체면 차리면서 새것을 살 것이 아니라 중고매장 가서 사자. 그런 마음으로 최소한의 경비로 창업을 시작해야 한다.

제일 조심해야 할 것은 은퇴자를 대상으로 한 사기다. 호환, 마마보다 더 무서운 것이 은퇴자를 대상으로 한 사기다. 특히 고액의 명퇴금을 받은 사람이나 퇴직금을 받은 사람들을 귀신같이 알아보고 접근해서 단물을 빨아먹는다. 조심, 또 조심해야 한다.

국세청에서 안내하는 '창업 준비 10단계'와 '계획단계에서 체크해야 할 사항'이 정리가 잘된 것 같아 아래에 소개한다.

〈창업준비 10단계〉

1. 창업환경 검토	창업환경과 전망, 창업자 적성검사(창업자의 능력, 자질, 경험), 가정환경, 창업 의지, 창업 경영 이론 학습, 가족 협력 등의 여부
2. 아이템 선택	창업 트렌드 분석, 자신에 맞는 아이템 여부, 성장성·안정성 있는 후보 아이템(3~5개)를 선정하고 꾸준히 시장 조사 후 최종 아이템 선택
3. 사업 타당성 검토	사업의 성공 가능성에 대한 정보를 파악하기 위하여 선택 아이템에 대한 상품성·시장성·수익성·안정성(위험요소) 등을 자세하게 검토
4. 시장조사 분석	시장 규모, 경쟁사 제품의 경쟁력과 유사 제품 분석, 목표 고객 및 수요층의 니즈 분석, 소비자 구성분포와 변화추세 조사, 수요예측 등
5. 상권, 입지 선정	입지 선정 이유와 경쟁점포 극복방안, 상권 내의 가시성, 경제성, 편의성 분석, 유동 인구와 배후 상권, 도로 구조 분석
6. 자금계획 수립	창업자금의 용도를 시설자금과 운전자금으로 구분, 자세하게 조사하여 자금의 용도와 조달 가능한 자금 규모 결정, 창업을 추진하기 위해서 세부적인 자금의 용도와 조달 가능한 자금 규모 설정
7. 사업계획서 작성	사업의 개요와 내용, 시장조사분석, 마케팅계획, 자금수지계획, 사업추진 일정 등을 나타내는 자료로 구체적인 내용으로 작성, 예상 매출액, 매출원가, 영업이익, 당기순이익, 손익분기점 등을 산출

업무구분	체크해야 할 사항
8.인테리어 공사, 종업원 채용	고객 편의와 상품을 돋보이게 할 수 있는 디스플레이 전략, 고객의 접근성에 유익한 매장의 인테리어, 고객 친화력이 높은 채용관리 시스템 가동, 고객서비스 경쟁력 강화를 위한 반복 교육
9. 행정 절차	사업자 등록, 별도의 영업 신고, 소방설비 신고, 인허가사항(법인사업자, 개인사업자) 등에 대하여 자세하게 검토
10. 창업 및 경영	디스플레이, 간판, 집기 설치, 개업식, 창업 홍보, 업무 활동, 영업활동, 인력관리, 경영 계수관리, 주기적 점검 및 보안

(출처: 국세청)

〈계획단계에서 체크해야 할 사항〉

업무구분	체크해야 할 사항
1. 경쟁 관계	• 비교되는 제품이나 서비스를 제공하는 경쟁업체의 강점에 대한 현실적인 평가는 되어 있는가? • 자사 제품과 서비스를 선택할 수 있도록 차별화되어 있는가?
2. 입지·판매 방법	• 품목은 무엇이며, 주 고객은 누구인가? • 어떤 방법으로 어떤 가격과 조건으로 팔 것인가? • 시장조사 결과를 반영해 적합한 상권과 입지를 결정하였는가?

3. 상품·재료 매입	· 무엇을 어디에서 매입할 것인가? · 어떤 조건으로 매입할 것인가?
4. 설비구입·제조 방법	· 무엇을 제조하고 무엇을 외주로 줄 것인가? · 기계는 어디에서 구입하고 어떤 설비로 제조 할 것인가?
5. 지식·기술·자격	· 기술자나 자격자, 책임자는 누구로 할 것인가? · 해당 분야의 지식이나 경력이 풍부한가?
6. 종업원 확보	· 가족만으로 운영이 가능하겠는가? · 종업원은 어떻게 채용할 것인가?
7. 사업의 형태	· 개인 사업으로 할 것인가? 법인으로 할 것인가? · 프랜차이즈 창업과 독립창업 중 어떤 형태로 할 것인가?
8. 사업계획서	· 사업계획서를 작성해 보았는가? · 시설자금 및 운영자금은 얼마나 들어갈 것인가?
9. 손익예상	· 매출은 얼마나 될 것인가? · 원가, 판관비, 당기순이익 규모는 산출하였 는가?
10. 자금조달	· 즉시 준비할 수 있는 자금은 얼마나 되는가? · 필요한 운용자금은 적기에 조달이 가능한가?
11. 세금 문제	· 사업자등록은 언제 할 것인가? · 직접 기장할 것인가? 세무서에 맡길 것인가?
12. 개업예정일	· 상호는 정하고 사업자 등록은 하였는가? · 개업일은 언제가 제일 좋을 것인가?

(출처: 국세청)

06
저축은행 활용하기

　은퇴자가 된다는 것은 이자소득 생활자가 된다는 것을 의미한다. 그동안 내가 벌어놓은 돈을 금융기관에 맡기고 거기서 나오는 이자로 생활한다는 것이다. 당연히 많은 이자가 나오는 곳이 좋다. 하지만 그렇다고 안전하지 않은 곳에 돈을 넣어둘 수는 없다. 우리가 쉽게 접하는 시중은행들은 안정성 면에서는 탁월하지만, 이자율은 박하다.

　은행보다 상대적으로 높은 수익률을 기대할 수 있는 곳이 저축은행과 신협, 새마을금고 등이다. 특히 저축은행은 인터넷으로 전국의 어느 저축은행이라도 가입할 수 있어 편리하다. 저축은행중앙회의 홈페이지를 방문하여 소비자 포털을 클릭하고 금리 보기를 클릭하면 6개월, 12개월, 24개월, 36개월의 이자율이 일목요연하게 나타난다. 이 중에서 높은 이자를 제시하는 저축은행을 선택해서 가입하면 될 것이다.

높은 이자를 제시하는 저축은행 중에는 재무구조가 열악한 저축은행이 제법 있다. 이 경우에는 「예금자보호법」 적용을 받는 5천만 원 이내에서 저축하면 된다.

「예금자보호법」은 금융기관이 파산 등의 사유로 예금을 지급할 수 없는 상황에 부닥칠 때 예금자를 보호하기 위해서 만든 법이다. 예금보험공사에서 예금자 1인당 원리금 합계 5천만 원까지 보장해 준다. 원금과 이자를 합쳐서 5천만 원이라는 이야기다. 5천만 원을 입금하고 이자로 1백만 원이 나왔다면 원금 5천만 원에 대해서만 보호받는다. 만일 4천9백만 원을 입금하고 이자로 1백만 원이 나왔다면 전액 보호받을 수 있다.

5천만 원은 1개 금융기관에서 1인당 보호받는 총금액이다. 정기예금으로 5천만 원, 정기적금으로 5천만 원이 가입된 상황이라면 총 1억 원 중 5천만 원만 보호받을 수 있다. 만일 SBI저축은행의 명동지점에 3천만 원, 강남지점에

3천만 원이 있으면 합계 6천만 원 중에서 5천만 원만 보호받고 SBI저축은행에 3천만 원, 웰컴저축은행에 3천만 원이 있는데 두 은행 다 파산했다면 둘 다 보호받는다.

비과세 활용하기

이자소득에는 세금을 내야 한다. 이자소득세가 14%이고 지방세가 이자소득세의 10%인 1.4%로서 합치면 15.4%다. 3%의 이자를 받는다고 가정하면 실제 내 손에 쥐어지는 것은 3%가 아니라 2.54%다.

만일 과세상품으로 3%, 비과세상품으로 2.6%를 제시하는 경우 선택은 당연히 비과세상품 2.6%를 선택해야 한다. 비과세상품 2.6%는 온전히 모두 다 내 손에 쥐어지기 때문이다.

세금을 전혀 내지 않는 상품으로는 비과세종합저축이 있다. 하지만 가입조건이 까다롭다. ① 65세 이상 거주자 ② 장애인 ③ 독립유공자와 그 유족 또는 가족 ④ 기초생활보장 수급자 ⑤ 국가유공자 또는 상이자 ⑥ 고엽제 후유증 환자 ⑦ 5·18민주화운동 부상자만 가입할 수 있다. 아직 나이가 65세가 되지 않았다면 좀 더 기다려야지만 비과세상품을 이용할 수 있다. 한도는 5천만 원까지다.

차선책으로 단위농협, 수협, 신협, 새마을금고를 이용할 수 있다. 이곳의 조합원에 한해서는 예탁금 비과세 혜택이 주어진다. 3천만 원까지 비과세인데 완전 비과세는 아니고 농특세 1.4%는 부담해야 한다.

조합원이 되기 위해서는 만 20세 이상이어야 하고 출자금을 내야 한다. 출자금은 본인이 내고 싶은 만큼 내면 된다. 지점마다 요구하는 금액이 다르다. 보통 3만 원부터다. 출자금은 원하면 돌려받을 수 있는 금액으로 아무 때나 출금되지는 않는다. 신청 기간이 정해진 경우도 있고 출금까지 오랜 시간이 걸리기도 한다.

1천만 원까지 배당소득에 대해 비과세다. 1년에 한 번씩 배당을 주기 때문에 고정금리는 아니지만, 예탁금 이자보다 더 많이 나오는 경우가 많다.

부동산 관리하기

지금 은퇴하는 사람들의 삶의 궤적은 내 집 마련이었다. 직장생활을 시작하고 융자를 받아 내 집을 마련하고 은행 빚을 갚아나가면서 또 한편으로는 돈을 모아 좀 더 큰 집으로 이사하고 하는 생활의 반복이었다. 30대에는 20평대 아파트를 목표로 하고 40대에는 30평대 아파트를 목표로 하고 50대에는 40평대 아파트를 목표로 하며 줄기차게 내 집을 더 넓히는 데 주력하였다. 그러다 보니 은퇴하고 나서의 자산은 대부분 부동산에 몰려있다. 우리나라 가계의 자산구성을 보면 부동산이 2/3, 금융자산이 1/3 수준이다. 우리나라 사람들의 유별난 부동산 사랑도 한몫한다.

다른 나라의 경우는 우리와 반대다. 미국은 부동산과 금융자산의 비율이 28:72 정도이고 일본은 38:62 정도다. 우리나라만 유독 부동산의 비중이 64, 금융자산의 비중이 36이다. 은퇴 후에는 부동산의 비중을 줄이고 금융자산의 비중을 늘려야 한다.

필자가 증권회사 지점장으로 근무할 당시 어느 노부부가 찾아온 적이 있었다. 강남과 일산에 각각 아파트를 보유하고 있었다. 강남의 아파트는 세를 주고 본인은 일산에서 거주하고 있었는데 아파트는 융자를 얻어 산 것이었다. 수입을 물어보았더니 별도의 수입은 없다고 하며 생활비가 모자라는데 어떻게 하면 좋겠냐고 물었다.

사실 속으로 좀 답답했다. 당연히 융자금은 먼저 갚고, 집은 팔아서 금융자산을 늘리고 생활비로 사용해야 하는데 집은 팔기 싫고, 은행융자는 부담스러워한다. 게다가 여유자금은 가지고 있으려 하는 이율배반적인 행동을 하는 것이다.

수익형 부동산

집을 두 채 이상 보유하면서 임대수입을 올리는 사람

도 있고 상가로 임대수입을 올리는 사람이 있다. 본인의 자산을 활용하여 수입을 올리는 것이기 때문에 아무도 무어라 할 사람은 없다. 하지만 환상을 가지고 있어서는 곤란하다. 월세가 또박또박 나오기만 한다면 최상이다. 하지만 그렇지 않다. 세입자가 월세를 미루기도 하고 관리비를 안 내는 경우도 있다. 계약 기간을 채우지 않고 나가겠다는 경우도 있다. 공실이 생기기도 한다. 세입자가 이사 나가는 날은 집 점검도 제대로 해야 한다. 월세를 독촉하기 위해서는 독한 소리도 해야 한다. 심성이 고운 사람이라면 제대로 하기 힘들다. 그래서 월세를 받는 것은 늘 신경을 곤두세워야 하는 일이다. 만일 대출을 끼고 수익형 부동산을 보유한다면 더 난감하다. 월세로 은행 이자를 내야 하는데 월세가 들어오지 않으면 높은 이자를 부담해야 한다.

실제로 이런 경우를 자주 보았다. 본인의 여유자금으로 상가를 통해 임대수익을 올리는 것은 있을 수 있는 일이다(물론 은퇴 후 부동산의 비중을 줄어야 하는 것을 생각하면 적극적으로 추천하고 싶지는 않다). 하지만 꽤 많은 사람이 은행 대출을 받아 상가에 투자하고, 상가 임대료를 받아 은행

이자를 갚기 바쁘다. 현금흐름이 원활하면 상관없지만, 현금흐름이 꼬이면 골치 아프다. 스트레스가 이만저만 아니다. 침체된 상가를 샀다가 공실이 생기면 관리비에 대출이자에 기회비용까지 고스란히 손실로 나타난다.

은퇴 후에는 다이내믹한 삶보다 차분한 삶이 요구된다. 그런 점에 있어서 수익형 부동산도 줄여나가야 하는 것이 아닌가 생각해 본다.

주택연금

자금흐름이 막혔을 때 주택연금을 활용할 수도 있다. 주택연금은 집을 담보로 평생 혹은 일정 기간 일정한 금액을 받는 것이다. 집을 담보로 잡힌다고 다른 곳에서 살아야 하는 것은 아니다. 담보로 잡은 자기 집에서 살 수 있다.

가입요건은 ① 부부 중 1명이 만 55세 이상인 경우 ② 부부 중 1명이 대한민국 국민인 경우 ③ 부부 기준 공시가격이 9억 원 이하인 주택소유자 ④ 다주택자라도 공시가격의 합산이 9억 원 이하인 경우 ⑤ 공시가격이 9억 원 초과인 2주택자는 3년 이내 1주택을 팔면 가능하다.

한국주택금융공사의 홈페이지에서는 월 지급금 예시를 보여주고 있다.

연령	주택가격											
	1억원	2억원	3억원	4억원	5억원	6억원	7억원	8억원	9억원	10억원	11억원	12억원
50세	123	246	370	493	616	740	863	986	1,110	1,233	1,356	1,480
55세	161	322	483	644	805	967	1,128	1,289	1,450	1,611	1,773	1,934
60세	213	427	641	855	1,069	1,283	1,496	1,710	1,924	2,138	2,352	2,504
65세	255	510	765	1,020	1,276	1,531	1,786	2,041	2,296	2,552	2,609	2,609
70세	308	617	926	1,234	1,543	1,852	2,160	2,469	2,756	2,756	2,756	2,756
75세	380	760	1,140	1,520	1,901	2,281	2,661	2,970	2,970	2,970	2,970	2,970
80세	480	960	1,440	1,920	2,400	2,881	3,302	3,302	3,302	3,302	3,302	3,302

❶ 종신지급방식(정액형, 2022.2.1. 기준)   내용닫기 ∧

◦ 일반주택
(종신지급방식, 정액형)   (단위 : 천원)

종신 지급방식

위 표에서 공시가격 3억 원의 주택을 가진 70세인 경우 죽을 때까지 매달 926,000원을 받는다.

08
신탁 활용 방법

20여 년 전 증권회사에서 근무할 때다. 해외 벤치마크 팀장을 맡아 일본 금융기관의 자산관리 실태와 금융상품 등을 조사하고자 동경을 방문했다. 약속한 증권사 지점을 방문했는데 1층은 미쓰비시 은행이었고 2층은 미쓰비시 증권이었고 3층은 미쓰비시 신탁이었다. 처음에는 다소 의아하게 생각했다. 은행과 증권이 하나의 층을 사용하는 것은 이해가 되었지만, 신탁회사가 하나의 층을 모두 사용할 리는 없다고 생각했다. 직접 신탁회사를 방문해서 살펴보았더니 노년층 고객들의 꾸준한 방문을 확인할 수 있었다.

일본 신탁회사의 업무 범위는 매우 다양했다. 유언신탁의 경우 유언서 작성 없이 상속할 수 있으며 비과세 혜택도 있었다. 경증 치매환자를 위한 후견제도 지원신탁, 법적 다툼 없이 원활한 승계가 가능하도록 하는 자사주 승계 신탁, 결혼자금 증여신탁, 양육자금 증여신탁, 교육자금 증여신탁 등 아주 다양했다. 우리나라도 하나은행과 신영증권을 필두로 신탁을 활용한 금융상품을 개발 중이다.

예를 들어 치매안심신탁은 치매가 왔을 때 간병비·병원비·요양비까지 처리할 수 있는 상품이다. 우리나라에서는 금융실명제로 인해 부모의 자금을 자식이라고 하더라도 함부로 출금할 수 없다. 잘못하면 자식 간에 재산 분쟁도 생긴다. 치매안심신탁을 활용하면 미리 지급청구 대리인을 지정하고 인출 한도도 정할 수 있다.

유언대용신탁을 통해서는 상속하고 싶은 자녀 또는 제삼자, 법인에도 본인이 물려주고 싶은 만큼 전달할 수 있다. 유언대용신탁이란 위탁자가 살아있을 때 유언 대신 신탁계약을 통해 상속 계획을 세우고 본인이 사망한 후 수익자에게 원본 및 이익을 지급해 주는 신탁이다.

장애 자녀가 있는 경우라면 장애인 신탁을 활용할 수도 있다. 장애인 신탁이란 장애인을 위해 일정 재산을 금융기관에 맡겨 관리 운용하게 함으로써 부모가 사망한 후에도 생활자금이 안정적으로 지급되고 최종적으로 장애인 자녀에게 자산이 이전될 수 있도록 하는 상품이다. 본인의 사후, 자녀 혼자 세상을 살아갈 수 있도록 안정적인 장치를 마련해 놓은 것이다. 부모가 죽더라도 장애 자녀에게는 생활비와 돌봄, 치료를 위한 비용이 안정적으로 지급되며 재산은 친척과 외부인으로부터 철저히 보호된다.

부동산담보신탁도 있다. 부동산 소유자가 소유권을 신탁회사에 이전하고 수익권 증서를 받아 그 수익권 증서를 담보로 금융기관에서 대출을 받는 것이다.

신탁용어 해설

신탁에 대해 이해하려면 몇 가지 용어에 대한 지식이 필요하다.

위탁자는 특정한 재산권을 수탁자에게 위탁하는 자이며 수탁자는 위탁자로부터 특정한 재산권의 운용 및 처분에 관한 권리를 인수하는 자다. 통상 신탁회사나 신탁업을 경영하는 금융기관이 담당한다. 수익자는 신탁이익을 받는 자다. 위탁자가 지정한 특정인이 수익자가 될 수도 있고 위탁자 자신이 수익자가 될 수도 있다. 신탁관리인은 수익자가 특정되어 있지 않거나 아직 존재하지 않는 경우 수익자를 위하여 이해관계인의 청구 또는 직권으로 법원이 선임하는 자다. 신탁재산관리인은 수탁자가 불가피한 사정으로 사임 또는 기타 사유로 해임되었을 경우 수탁자를 대신하여 임시로 신탁재산을 관리하는 자다.

09
내 돈은 내가 지킨다

'고객님의 소중한 노후자금을 저희가 잘 관리해 드리겠습니다'라면서 은행도 손을 벌리고 증권사도 손을 벌리고 보험회사도 손을 벌린다.

정말 고마운 곳이다. 나의 소중한 노후자금을 잘 관리해주겠다니 정말 눈물 나도록 고마운 곳이다. 그런데 이상하다. 잘 관리해주겠다는데 이상하게 잘 관리가 안 되는 것 같다. 잘은 모르겠는데 왠지 바가지에 물이 새는 느낌이다.

은행이나 증권사, 보험사 모두 주식회사다. 주식회사는 주주가치 증대를 최우선 목표로 한다. 말로는 고객 중심, 고객 사랑 하지만 결국은 자기네 회사의 순이익을 올리는 것이 최고, 최대의 목표다. 고객 중심, 고객 사랑 하는 것도 결국 고객들이 자기네 물건을 사주어야 수익이 나기 때문에 고객, 고객 하는 것이다.

금융기관도 마찬가지다. 은행, 증권회사, 보험회사에서 은퇴한 우리의 소중한 자금을 그냥 관리해주지는 않는다. 말로는 소중한 은퇴자금을 잘 관리해주겠다고 하지만 결국은 관리수수료를 받아가겠다는 것이다.

내가 지금 거래하는 은행은 나의 주거래은행이니 내 돈을 잘 관리해주겠지 하고 착각하는 경우가 많다. 혹은 내가 지금 이 증권사와 벌써 20년째 거래하고 있으니 나의 은퇴자금을 잘 불려주겠지 하고 착각하는 경우가 많다. 혹은 내가 이 보험에 가입한 것이 벌써 30년이니 나의 은퇴자금도 잘 관리해주겠지 하고 착각하는 경우가 많다. 착각은 자유라지만 은행과 증권사, 보험사는 은퇴자에 대해서 신경 쓰지 않는다. 오로지 은퇴자들이 맡겨놓은 돈으로 수수료를 받아 낼 것만 신경 쓴다.

개인에겐 주거래은행이란 개념이 없다

원래 '주거래은행'이라는 단어는 기업에 해당하는 용어였다. 정확히 이야기하면 법인에 가장 많은 대출을 해준 은행이 주거래은행이었다. 기업의 재무상태가 어려워지면 주거래은행 주도로 대책을 강구하곤 했다. 감독 당국에 보고할 때에도 주거래은행이 보고하는 것이 관례다. 기업에 해당하는 주거래은행이라는 단어가 언제부턴가 개인들에게도 사용되기 시작했다. 개인들은 자신이 주로 다니는 은행을 자신의 주거래은행이라고 생각한다. 하지만 은행은 고객이 자기네 은행을 주거래은행이라고 생각하는지에 대해서 관심도 없고 알 수도 없다.

은행에서는 고객이 은행에 얼마나 도움을 주는지를 철저히 계산한다. 은행의 수입에 크게 이바지하는 사람에게는 VIP 고객이라고 해서 귀빈실로 모셔서 업무를 처리해주고 지점장이 자신의 방으로 모셔서 업무처리를 도와주기도 한다.

은행의 수익에 도움이 되지 못하는 사람에게 은행은 별로 신경 쓰지 않는다. 그런데도 개인은 '내가 오랫동안 이 은행과 거래해 왔으니 은행도 나를 주거래은행의 고객

같이 대우해 주겠지'라고 생각한다.

다시 말해서 몇억을 예금이자도 나오지 않는 보통예금에 넣어놓으면 VIP 고객이다. 수수료를 많이 받을 수 있는 해외펀드나 주식형 펀드에 가입하면 VIP 고객이다. 하지만 수수료 수입이 별로 없는 정기예금 고객은 그냥 고객이다.

다시 한번 이야기하지만 개인에게 주거래은행은 존재하지 않는다. 그냥 내가 자주 이용하는 은행, 혹은 내가 오래 거래한 은행 정도가 될 것이다. 그래서 은행이나 증권사, 보험회사가 내 돈을 안전하게 잘 지켜 줄 것이라는 믿음은 버리자. 은행이나 증권사, 보험회사가 내 돈을 잘 불려줄 것이라는 믿음도 버리자.

내 돈은 귀찮더라도 내가 직접 관리해야 한다. 그래야 바가지에 물이 새지 않는다.

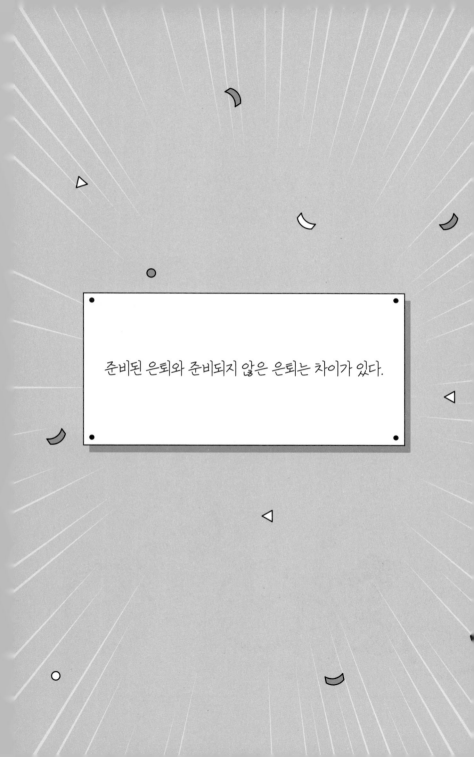

6장

남은 인생 건강하게

사는 법

01
국민건강보험 알기

　국민건강보험은 국가가 국민의 기본적인 의료문제를 해결하고 전체 국민의 의료비용을 공동체적으로 해결하고자 하는 취지에서 만들어졌다. 국민이 매월 보험료를 내면 그것을 차곡차곡 쌓아두었다가 질병 등 치료할 일이 생겼을 때 진료비의 일부를 내 주는 것이다. 국민건강보험은 법에 따라 시행하는 제도로 대상이 되는 사람은 누구나 의무적으로 가입해야 한다. 만일 가입과 탈퇴를 마음대로 한다면 아플 때만 가입해서 혜택을 받고 평소에는 탈퇴해버릴 수 있기 때문이다. 이런 도덕적 해이가 발생한다면 그 부담은 진료비를 성실하게 내는 가입자에게 돌아가고 이는 국민건강보험의 상부상조 정신에 어긋나게 된다.

국민건강보험은 직장을 통해서 가입한 직장 의료보험과 그 외의 사람들이 가입한 지역 의료보험으로 구분된다. 직장 의료보험은 상시 1인 이상의 근로자를 사용하는 사업장에 고용된 근로자와 그 사용자가 대상이다. 직장 의료보험에 포함되는 대상자는 회사의 구성원에 의하여 생계를 유지하는 배우자, 직계존속과 그 배우자, 형제자매도 포함된다. 의료비는 급여를 기준으로 산정하는데 전년도에 받은 보수총액을 기준으로 하고 차후 연말정산 절차를 거친다. 급여가 대폭 상승한 사람은 추가부담금을 지게 되고 급여가 대폭 하락한 사람은 환불받게 된다.

지역 의료보험은 직장 의료보험이 아닌 사람이 대상인데 보험료는 가입자의 소득, 재산(전·월세 포함), 자동차 등을 참작하여 정한 부과요소별 점수를 합산한 보험료 부과점수에 점수당 금액을 곱하여 보험료를 산정한 후, 경감률 등을 적용하여 세대 단위로 부과한다.

보험료 산정방법을 살펴보면, 건강보험료는 보험료 부과점수×점수당 금액(205.3원, 2022년도)으로 계산하고 장기요양보험료는 건강보험료×장기요양보험료율(12.27%,

2022년도)로 계산한다. 보험료 부과점수의 기준은 소득 점수(97등급)는 이자소득, 배당소득, 사업소득, 근로소득, 연금소득, 기타소득을 적용하고 재산 점수(60등급)는 주택, 건물, 토지, 선박, 항공기, 전·월세를 적용하며 자동차 점수 부과 축소, 등급 확대, 점수 감경 등이 도입되었다. 사용 연수 9년 미만의 승용차 중 4천만 원 이상이거나 배기량 1600cc 초과 승용차와 그 밖의 승용 자동차만 부과한다. 만일 사용 연수가 10년이 넘었다면 자동차 점수는 0이 된다.

건강보험료 경감 종류 및 경감률로는 섬·벽지 경감이 50%, 농어촌 경감이 22%, 농어업인 지원이 28%(농림축산식품부에서 국고지원), 세대 경감이 10~30%(노인, 장애인, 한부모가족 세대 등. 세대 경감 사유가 중복될 경우 유리한 경감률 하나만 적용), 재해 경감: 30~50%(경감 종류가 중복될 경우 최대 경감률은 50%. 섬·벽지 경감 ⇒ 농어촌 경감(농어업인 경감) ⇒ 세대 경감 순으로 적용)으로 적용받는다.

또한, 3개월 이상 국외 체류자로서 국내에 피부양자가 없는 경우는 보험료를 면제받는다.

국민건강보험의 보험급여는 가입자 및 피부양자의 질병과 부상에 대한 예방, 진단, 치료, 재활, 출산, 사망 및 건강증진에 관하여 법령이 정하는 바에 따라 현물 또는 현금의 형태로 제공하는 서비스를 말한다.

현물급여는 요양기관을 통하여 직접 의료서비스를 제공하는 것으로 요양급여와 건강검진이 있다. 요양급여는 가입자와 피부양자에게 질병이나 부상이 발생하거나, 가입자와 피부양자가 출산하게 될 때 보험자가 요양을 직접 행하거나 요양기관을 통하여 요양을 제공하는 것이다. 일부 항목을 제외하고는 진료비용 일부만을 환자가 부담한다. 병·의원에 입원할 경우 진료비의 80%는 건강보험에서 부담하고, 외래진료를 받으면 50~80%(병·의원 종류에 따라 다름)를 부담한다.

건강검진은 자각증상이나 질병이 없는 상태에서 사전에 질병을 예방하는 건강 예방행위다. 질병에 걸릴 가능성이 있는 개인 또는 집단에 대하여 건강검진을 하여 질병을 조기에 발견하고 치료함으로써 국민 의료비를 절감하고 건강을 증진하기 위한 이차적 예방사업으로 2년에 1회 무료 건강검진을 한다. 현금급여는 일정 금액을 현금으로 지원해주는 제도로 요양비, 출산비, 장애인 보장구 구입비, 장례비 등이다.

02
국민건강보험 활용하기

직장을 다닐 때는 해마다 건강검진을 꼬박꼬박 받는다. 하지만 은퇴하면 자비로 건강검진을 받아야 한다. 절약하고 싶은 마음에 건강검진을 소홀히 하면 행여 더 큰 병으로 번질 수 있다.

국민건강보험공단에서는 우리나라 국민의 사망원인 상위권에 해당하는 암, 심·뇌혈관 질환을 조기 발견하여 치료 또는 생활습관 개선으로 삶의 질을 높이고자 국가 건강검진을 실시하고 있다. 국가에서 실시하는 일반건강검진에서는 심·뇌혈관 질환의 위험요인인 비만, 이상지질혈증, 고혈압, 당뇨병 등을 그리고 암 검진에서는 위암, 대장암, 자궁경부암, 유방암, 간암, 폐암을 조기에 발견할 수 있도록 검사항목을 구성하여 검진하고 있다. 일반건강검진 비용은 국민건강보험공단에서 전액 부담한다.

일반건강검진만 활용해도 은퇴 후 건강관리에 큰 도움을 받을 수 있다. 일반건강검진 대상자인 지역가입자는 세대주와 20세 이상 세대원 중 짝수 연도(혹은 홀수 연도) 출생자이고 피부양자는 20세 이상 짝수 연도(혹은 홀수 연도) 출생자이다. 짝수 연도와 홀수 연도로 번갈아 가면서 진행되기 때문에 2년에 한 번씩 검진을 받을 수 있다. 짝수 해에는 짝수 연도 출생자가 검진을 받고 홀수 해에는 홀수 연도 출생자가 검진을 받는다. 예를 들어 2023년은 홀수 연도 출생자가 검진을 받고 2024년에는 짝수 연도 출생자가 검진을 받는다. 지역가입자의 경우 주민등록 주소지로 우편이 온다.

공통검사항목은 ① 진찰, 상담, 신장, 체중, 허리둘레, 체질량지수, 시력, 청력, 혈압측정 ② AST(SGOT), ALT(SGPT), 감마지티피 ③ 공복혈당 ④ 요단백, 혈청 크레아티닌, 혈색소, 신사구체여과율(e-GFR) ⑤ 흉부 방사선촬영 ⑥ 구강검진이다.

알기 쉽게 표로 설명하면 다음과 같다.

대상 질환	검사항목	대상 질환	검사항목
비만	신장, 체중, 허리둘레, 체질량지수	당뇨병	공복혈당
시각, 청각 이상	시력, 청력	간장질환	AST, ALT, r-GTP
고혈압	혈압	폐결핵, 흉부질환	흉부 방사선 촬영
신장질환	요단백, 혈청 크레아티닌, e-GFR	구강질환	구강검진
빈혈증	혈색소		

성·연령별 검사항목으로는 ① 이상지질혈증(총콜레스테롤, HDL콜레스테롤, LDL콜레스테롤, 트리글리세라이드) 남자 24세 이상, 여자 40세 이상, 4년 주기 ② B형간염검사(40세, 보균자 및 면역자는 제외) ③ 치면세균막검사(40세) ④ 골다공증(54 · 66세 여성) ⑤ 정신건강(우울증) 검사(20 · 30 · 40 · 50 · 60 · 70세) 해당 연령을 시작으로 10년 동안 1회 ⑥ 생활습관 평가(40 · 50 · 60 · 70세) ⑦ 노인신

체기능 검사(66 · 70 · 80세) ⑧ 인지기능 장애 검사(66세 이상 2년에 1회) 66세 이상, 2년 주기 등이다.

성·연령별 검사항목도 알기 쉽게 표로 나타내면 다음과 같다.

검사항목		대상 연령	비고
이상지질혈증	총콜레스테롤 HDL/LDL 콜레스테롤 중성지방(트리글리세라이드)	남자: 24세 이상 (4년 주기) 여자: 40세 이상 (4년 주기)	남자: 24, 28, 32세… 여자: 40, 44, 48세…
B형간염 검사		40세	면역자, 보균자는 제외
골밀도 검사		54세 여성과 66세 여성	
인지기능 장애		66세 이상 (2년 주기)	66, 68, 70세…
정신건강(우울증) 검사		20, 30, 40, 50, 60, 70세	해당 연령을 시작으로 10년 동안 1회
생활습관 평가		40, 50, 60, 70세	
노인신체기능 검사		66, 70, 80세	
치면세균막 검사		40세	구강검진 항목

2020년 우리나라 성별 사망원인(출처: 통계청, 2021)

내 건강검진 기록 보기

국민건강보험 홈페이지에서 로그인하고 마이페이지에 접속하면 나의 과거 건강검진 기록을 열람할 수 있다. 과거 건강검진 결과를 보관하고 있는 사람들도 있겠지만 보관하고 있지 않은 사람들이 더 많을 것 같다. 옛날 기록들이 사라졌다고 아쉬워하지 말고 국민건강보험 홈페이지를 이용하면 최근 10년간의 건강검진 결과자료들을 모두 확인할 수 있다. 또한, 연도별로 검진 결과를 한눈에 볼 수 있

어 나의 체중과 허리둘레가 어떻게 변하였는지 시계열적
인 자료들도 확인할 수 있다. 표로 확인도 가능하지만, 그
래프로도 확인할 수 있으므로 나의 건강 관련 수치들을 직
관적으로 분석할 수 있다. '노인을 위한 나라는 없다'지만
우리나라의 국민건강보험은 노인에게 상당히 친화적이다.
그러니 적극적으로 활용하자.

검진종류	검진년도	검진일자	검진기관명	검진결과	문진정보
일반	2022	2022-08-30	한국의료재단 아이에프씨의원	결과	조회
암(위)	2022	2022-08-30	한국의료재단 아이에프씨의원	결과	조회
일반	2021	2021-11-04	(재)한국의학연구소한국중부의원	결과	조회
암(대장)	2021	2021-11-04	(재)한국의학연구소한국중부의원	결과	조회
일반	2020	2020-08-06	(재)한국의학연구소한국중부의원	결과	조회
암(위)	2020	2020-08-06	(재)한국의학연구소한국중부의원	결과	조회
일반	2019	2019-09-24	재단법인한국의학연구소강남의원	결과	조회
일반	2018	2018-09-20	한국의료재단 아이에프씨의원	결과	조회
암(위)	2018	2018-09-20	한국의료재단 아이에프씨의원	결과	조회
구강	2018	2018-09-20	상쾌한이치과의원	결과	조회
일반	2016	2016-08-24	(의)성광의료재단 차움의원	결과	조회
암(위/대장)	2016	2016-08-24	(의)성광의료재단 차움의원	결과	조회
일반	2015	2016-01-22	한국의료재단 아이에프씨의원	결과	조회
일반	2015	2015-10-28	한국의료재단 아이에프씨의원	결과	조회
구강	2015	2015-10-28	상쾌한이치과의원	결과	조회

검진 결과 목록

구분	목표질환	검사항목	< 검진결과 >					참고치	
			2018	2019	2020	2021	2022	단위	참고치
검진일자		검진일자	09/20	09/24	08/06	11/04	08/30		
계측검사	비만	신장	181.9	181.3	181.9	181.5	180.8	Cm	
		체중	83.0	83.5	84.1	84.1	69.9	Kg	
		허리둘레	92.0	93.2	93.0	91.0	78.0	Cm	보기
		체질량지수	25.1	25.4	25.4	25.5	21.4	kg/m2	보기
	시각이상	시력(좌/우)	0.8/0.7	0.9/0.7	0.9/1.0	0.9/1.0	0.7/0.7		
	청각이상	청각(좌/우)	정상/정상	정상/정상	정상/정상	정상/정상	정상/정상		
	고혈압	혈압(최고/최저)	121/84	100/68	114/78	120/68	108/79	mmHg	보기
요검사	신장질환	요단백	음성	음성	음성	음성	음성		보기
	빈혈	혈색소	15.6	16.8	16.3	16.1	15.2	g/dL	보기
	당뇨병	공복혈당	122	113	137	152	78	mg/dL	보기
	이상지질혈증	총콜레스테롤			222			mg/dL	보기
		HDL콜레스테롤			36			mg/dL	보기
		중성지방			208			mg/dL	보기
		LDL콜레스테롤			144			mg/dL	보기

검진 결과 한눈에 보기

정기적인 검진이 필요한 이유

　우리나라 국민이 기대수명인 83세까지 생존할 경우 암에 걸릴 확률은 37.9%였으며 남자(80세)는 5명 중 2명 (39.9%), 여자(87세)는 3명 중 1명(35.8%)이 암에 걸리는 것으로 추정되고 있다.

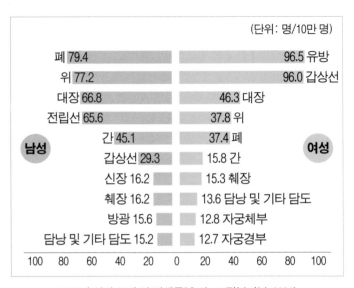

(단위: 명/10만 명)

남성		여성	
폐	79.4	96.5	유방
위	77.2	96.0	갑상선
대장	66.8	46.3	대장
전립선	65.6	37.8	위
간	45.1	37.4	폐
갑상선	29.3	15.8	간
신장	16.2	15.3	췌장
췌장	16.2	13.6	담낭 및 기타 담도
방광	15.6	12.8	자궁체부
담낭 및 기타 담도	15.2	12.7	자궁경부

2019년 성별 10대 암 발생률(출처: 보건복지부, 2021)

우리나라 국민에게 많이 발병하고 조기진단 방법이 있으며 치료할 수 있는 위암, 대장암, 간암, 유방암, 자궁경부암, 폐암은 조기에 발견하면 생존율이 크게 높아진다.

암은 확진 시기에 따라 5년 생존율이 크게 차이가 난다. 가장 생존율이 높은 초기 단계에 확진을 위해서는 주기적인 검진이 필요하다.

위암 검진의 경우, 40세 이상 남녀는 증상이 없어도 2년마다 위내시경 검사를 받고 위내시경 검사가 어려운 경우는 위장조영검사를 선택적으로 시행할 수 있다. 검진 비용은 국민건강보험공단이 90%, 수검자가 10%를 부담한다. 수면내시경 마취 비용은 본인 부담이다.

대장암 검진의 경우, 50세 이상 남녀는 1년마다 분변 잠혈검사(대변검사)를 받는다. 이 경우 검진 비용은 전액 국민건강보험공단이 부담하지만, 분변잠혈검사를 실시하지 않고 대장내시경 또는 대장이중조영 촬영검사를 받는 경우는 전액 본인 부담이다.

간암 검진의 경우, 40세 이상 고위험군은 1년에 2회 간 초음파 검사와 혈청 알파태아단백 검사(혈액검사)를 받는다. 고위험군은 간경변증, B형간염 바이러스 항원 양성, C형간염 바이러스 항체 양성, B형 또는 C형간염 바이러스에 의한 만성간질환 환자가 해당한다. 검진 비용은 국민건강보험공단이 90%, 수검자가 10%를 부담한다.

폐암 검진의 경우, 54세 이상 남녀 중 30년 이상 흡연 경력을 가진 폐암 고위험군은 증상이 없어도 2년마다 검진을 받는다. 저선량 흉부 CT 검사를 하며 검진 비용은 국민건강보험공단이 90%, 수검자가 10%를 부담한다.

암 진행 정도	위암	대장암	간암	유방암	자궁경부암	폐암
6대암 요약병기별 5년 상대 생존율 [2015-2019]						(단위 : %)
국한주1)	97.0	93.9	60.7	98.9	94.6	75.0
국소주2)	62.1	82.1	22.4	92.7	73.1	44.1
원격주3)	6.4	19.8	2.8	42.6	27.8	10.0

(출처 : 보건복지부, 2021)

주1) 암이 발생한 장기를 벗어나지 않음
주2) 암이 발생한 장기 외 주위 장기, 인접 조직 또는 림프절을 침범
주3) 암이 발생한 장기에서 멀리 떨어진 다른 부위에 전이

　　유방암 검진의 경우, 40세 이상 여성은 2년마다 유방 촬영검사를 받는다. 유방 촬영술은 유방질환의 진단에 있어 무증상 조기 유방암을 발견하는 가장 기본적인 방법으로 유방 압박으로 인한 고통이 수반될 수 있다. 검진 비용은 국민건강보험공단이 90%, 수검자가 10%를 부담한다.

　　자궁경부암 검진의 경우, 20세 이상 여성은 2년마다 자궁경부 세포검사를 받는다. 검진 비용은 국민건강보험공단이 전액 부담한다.

30년 더 건강하게 사는 법

2021년 12월 통계청이 발표한 자료에 의하면 우리나라 남자들의 평균수명은 80.5세, 여자들의 평균수명은 86.5세라고 한다. 은퇴한 남자가 50세라면 30년을 더 살아야 하고 60세라면 20년을 더 살아야 한다. 그런데 여기서 간과하고 있는 것이 있다. 건강수명이다. 우리나라 사람들의 건강수명은 66.3세다. 즉 평균적으로 66세까지는 건강하게 살다가 이후 점점 건강이 악화하여 남자는 14년 정도를, 여자는 20년 정도를 아프다가 생을 마감한다는 것이다. 만일 은퇴한 남자가 50세라면 16년 정도는 건강하게 살고 이후 14년 정도는 아픈 상태에서 살다가 생을 마감하는 것이다.

그런데 주위를 둘러보면 의외로 건강한 60대, 건강한 70대가 많다. 건강관리를 잘하고 있기 때문이다. 건강관리를 잘해야 해외여행도 다닐 수 있고 아내와 맛집 기행도 할 수 있다. 건강관리를 제대로 하지 못한다면 침대에 누워서 죽을 날만 기다리는 신세로 전락할지 모른다.

친한 선배는 필자에게 이런 이야기를 한 적이 있다. 우리 인생이 끝나는 때는 더 이상 숨을 못 쉬고 심장이 움직이지 않을 때가 아니라 '내 다리로 화장실을 가지 못하는 때'라고 했다. 그 말에 공감이 갔다. 나 스스로 뒤처리를 못 하고 남에게 맡겨야 한다면 나의 자존감은 얼마나 떨어지고 수치심은 얼마나 높아질 것인가.

매일 아침 산책할 루트를 만들자. 집 근처도 좋을 것이고 집안에 러닝머신을 설치해도 좋을 것이다. 하루에 1만 보 이상은 걷자. 은퇴 후의 건강관리는 상체와 하체의 싸움이다. 상체가 이기면 관절염을 비롯해 많은 질병에 시달릴 것이고 하체가 이기면 튼튼한 몸이 될 것이다. 하체가 상체를 이길 수 있도록 매일 걷자. 뛰면 더 좋겠지만 나이를 생각해서 뛰는 것보다는 걷는 것을 적극적으로 추천한다. 매일 운동을 한 뒤에는 열심히 씻자. 매일 열심히 씻어야 노인 냄새도 나지 않는다.

살아도 산 것이 아닌 인생

20년쯤 전 필자는 단독주택을 사기 위하여 서울의 여러 동네를 다닌 적이 있었다. 강북의 소위 부촌이라고 하는 동네에서 100평 정도의 단독주택이 나왔다기에 보러 간 적이 있었다. 공교롭게도 그 집은 일반 살림집이 아니었고 병상에 누운 노인들을 보호하고 관리하는 곳이었다.

현관문에 들어설 때 필자도 모르게 코를 막았다. 심한 악취가 풍기고 있었다. 그때까지 살면서 한 번도 맡아보지 못한 냄새였다. 말로 표현하기 힘든 그 악취가 노인 냄새라는 것을 나중에야 알았다. 그 냄새를 맡으면서 일하는 분들이 참 대단해 보였다.

방마다 침대가 4개 정도 놓여있었고 침대 위에는 움직이지 못하는 할머니들이 링거를 꽂으며 누워 계셨다. 필자는 큰 충격을 받았다. 과연 저분들은 본인 스스로 자기 상태를 인지하고 있을까? 저렇게 사는 것이 과연 산다고 할 수 있는 것일까? 하는 생각이 연이어 들었다. 가격은 마음에 들었지만 결국 그 집은 사지 않았다. 그 집에 밴 노인 냄새가 도저히 감당이 안 되었기 때문이다.

지금 우리 수명이 80대까지 연장되었다고 해서 좋아할 일은 아니다. 중요한 것은 몇 살까지 사느냐가 아니라 몇 살까지 건강하게 사느냐이다. 80, 90이 되도록 살아보았자 본인 스스로 거동도 할 수 없고 본인 스스로 음식을 먹을 수 없다면 그것은 살아도 산 것이라고 할 수 없지 않은가?

대중교통을 이용하자

작년 건강검진에서 당뇨 수치 152가 나왔다. 그 전해까지는 120대여서 안심하고 있었다. 아내가 잔소리할 때마다 "아니, 대한민국 직장인 중에서 지방간 없고, 콜레스테롤 수치 높지 않고, 당뇨 수치 안 높은 사람 있으면 나와 보라 그래. 이 정도는 훈장으로 다 가지고 있는 거야." 하면서 큰소리를 쳤는데 막상 150이 넘어가자 살짝 걱정이 되었다. 더군다나 모친께서 당뇨병으로 고생하셨던지라 이번 기회에 당뇨는 잡아두어야겠다고 결심했다. 아내에게 물어보니 식이요법과 운동을 병행하라고 하며 특히 몸무게를 줄이라고 했다. 그래서 매일 저녁 식사를 하고 난 후 1시간 반 정도 운동하였고 $86\,kg$ 몸무게를 $73\,kg$으로 줄일 수 있었다. 당뇨 수치도 100 근처로 떨어져서 한결 마음을 놓았다.

이후 후배와 점심을 먹으면서 나의 경험담을 이야기했더니 후배가 이런 이야기를 했다. 하루에 만 보 미만을 걸으면 살이 찌고 만 보 이상을 걸으면 유지되고 2만 보를 걸으면 확실히 살이 빠진다는 것이었다. 실제로 나도 하루에 1만 5천 보 정도를 꾸준히 걷거나 뛰었다. 그 결과 뱃살이 빠졌고 허리는 가늘어졌다. 당 수치도 낮아지고 몸무게도 줄어들었다. 그러고 보니 가장 중요한 건 많이 걷는 것이 아닌가 한다.

그런 의미에서 대중교통을 이용하길 권한다. 대중교통을 이용하면 기본적으로 몇천 보는 걷게 되니 건강에 좋고 택시나 자가용을 이용하는 것보다 절약도 할 수 있어서 좋다. 회사에 다닐 때야 일이 바빠서 자가용이나 택시를 이용했다지만 은퇴 후에는 시간적 여유가 많다. 시간에 쫓길 이유가 없다. 미리미리 외출 준비를 해서 움직이면 된다. 미리미리 움직이면 그만큼 열량도 소비되고 몸을 더 움직이게 되어 건강에도 좋은 효과를 미친다.

요즘에는 자동차보험에서도 운행 거리가 짧으면 보험료를 일정 부분 돌려주니 일거양득이다. 마일리지 특약이라고 하는 것이 있는데 1년 동안 운행 거리가 보험사에서 정한 기준보다 낮으면 낸 보험료의 일부분을 돌려준다. 처음에는 몇만 원이겠지 하고 생각했는데 뜻밖에도 10만 원이 넘는 돈이 환급되어 놀란 적이 있다.

서울시 승용차 마일리지

서울에 사는 사람들은 승용차 마일리지를 사용할 수 있으니 일석삼조다.

서울시의 승용차 마일리지는 시민이 자율적으로 자동차 운행 거리를 줄여 온실가스와 미세먼지 감축에 이바지하면 서울시에서 감축 정도에 따라 마일리지를 제공해주는 시민실천운동이다. 1년 단위로 주행거리 감축 실적을 고려해서 2만에서 7만 포인트까지 지급해 주는데 1포인트는 1원으로 계산한다. 서울시 승용차 마일리지가 좋은 점은 이 7만 포인트를 세금을 낼 때 사용할 수 있다는 것이다. 필자는 연초에 자동차세를 내면서 이 포인트를 활용하여 7만 원을 아낄 수 있었다.

감축률(%)		감축량(Km)	
0%~10% 미만 절감	2만 마일리지 지급	0~1,000km 미만 절감	2만 마일리지 지급
10%~20% 미만 절감	3만 마일리지 지급	1,000~2,000km 미만 절감	3만 마일리지 지급
20%~30% 미만 절감	5만 마일리지 지급	2,000~3,000km 미만 절감	5만 마일리지 지급
30% 이상 절감	7만 마일리지 지급	3,000km 이상 절감	7만 마일리지 지급

(출처: 서울시 홈페이지)

비슷한 것으로 미세먼지 계절관리제라고 하는 것도 있다. 미세먼지 고농도가 빈번히 발생하는 12월~3월의 4개월 동안 평상시보다 강력한 감축 정책을 추진하여 고농도 발생 빈도와 강도를 낮추기 위한 집중관리 대책이다. 이 기간에 승용차 운행 거리를 $1,800km$ 이하로 운행하면 1만 포인트를 지급한다.

06
정신건강의 중요성

　육체적인 건강과 더불어 정신적인 건강에도 신경을 써야 한다. 몸은 건강한데 정신에 문제가 있다면 이것이야말로 최악이다.

　필자가 좋아하는 형이 있는데 부친상을 당해서 찾아갔다. 이야기 도중에 돌아가신 부친께서 치매에 걸렸는데 하필이면 폭력성 치매였다고 했다. 그러다 보니 요양원에서 퇴소해 달라고 요청했고 세 곳에서 쫓겨나다시피 했다고 말했다. 정신에는 문제가 있지만, 몸은 건강하고 힘이 좋으니 간호사들도 아주 힘들었을 것이다.

　은퇴는 우울증 발생 가능성을 높이고 정신건강에 부정

적인 영향을 미친다고 알려져 있다.

필자도 그랬다. 출근 시간에 맞추어 눈을 떴는데 가야 할 회사가 없다고 생각하니 아득했다. 회사에 다닐 때는 늦잠도 자고 싶었는데 막상 회사를 그만두니 눈이 초롱초롱해졌다. 억지로 일어나 세수를 하고 이를 닦고 응접실에 나가니 무엇을 해야 할지 막막했다. 소파에 앉아 TV를 켜는 것으로 하루를 시작했다.

당시 필자는 억울한 사연으로 회사를 그만두어야 했는데 그 일이 계속 머리를 지배하고 원망과 아쉬움이 마음에 가득하였다. 심지어는 격한 마음까지 일어나기도 했다. 잠이 오지 않는 불면증도 겪었다. 불면증이 그렇게 무서운 병인 것을 그때 처음 알았다. 밤새도록 제대로 잠을 이루지 못하다가 새벽에 겨우 잠이 들었는데 아침이 되면 다시 눈이 떠졌다. 그러다 보니 낮에도 멍한 상태로 앉아 있기도 하였다. 이런 상태로 몇 달을 보내고 나서야 겨우 마음이 진정되었다.

유경험자로서 감히 이야기한다면 이런 과정을 생략할 수는 없다. 누구나 은퇴 후에는 이런 우울증이나 좌절감을 겪는다. 수십 년 동안 가정경제를 책임지기 위해 생활의 일선을 담당하고 책임감이 강한 사람일수록 더욱더 스트레스를 받는다.

불안하고 초조한 마음을 없앨 수는 없지만 이런 고민을 단기간에 끝내도록 해야 한다. 가까운 산에 오르거나 햇빛 좋은 날 일광욕을 하는 것도 하나의 방법이 될 것이다. 회사에 다니는 동안 못 가본 미술관에 가거나 음악 감상을 하는 것도 좋겠다. 빨리 벗어나야 한다. 그래야 정신건강에 좋다.

은퇴 후 육체적인 건강도 잘 챙겨야 하지만 정신건강도 꼭 잘 챙겨야 한다.

만약 내가 치매에 걸리면

생각하기도 싫지만 내가 치매에 걸리면 어떻게 될까? 여기에 대해서는 나의 의견을 아들에게 전한 바 있다. 아들에게 전한 나의 편지를 소개한다.

아들에게

오늘 일본 작가 아리요시 사와코가 1972년에 쓴 《황홀한 사람》이라는 소설을 읽었다. 1972년은 일본에서도 고령화 문제가 서서히 사회적인 이슈로 대두될 시기였다. 이때까지만 하더라도 늙은 부모는 자식이 모시는 것이 당연했고 특히 며느리가 그 부담을 모두 졌다. 당시에는 여자들의 사회진출이 활발하지 않아 대부분의 며느리가 전업주부였기 때문이다.

이 소설의 주인공 〈아키코〉는 고3 수험생을 아들로 두고 있으며 법률사무소에서 타이피스트로 일하는 여성이다. 어느 날 갑자기 시어머니가 돌아가시고 남은 시아버지는 치매에 걸리게 된다. 시아버지는 아들은 알아보지 못하면서 며느리인 〈아키코〉와 손자인 〈사토시〉는 알아본다.

400페이지가 넘는 이 소설은 치매에 걸린 시아버지와 이를 옆에서 보살펴야 하는 며느리 〈아키코〉의 일상을 담담하게 그리고 치밀하게 그려내고 있다. 특히 〈아키코〉의 심적 변화를 매우 농밀하게 표현하고 있다. 이 소설의 백미는 치매에 걸린 노인으로 인해 고통받는 가정의 이야기를 잔잔하게 풀어냈다는 것이다. 치매 환자로 인해 아들과 며느리와 손자의 일상이 매우 뒤틀리고 파란을 겪게 된다.

이 소설을 읽으면서 나는 우리 부부를 생각했다.

우리 부부도 곧 할아버지와 할머니가 될 것이고 둘 중 어느 한 명은 먼저 세상을 떠날 것이다. 만일 우리 부부가 노인성 치매에 걸린다면 어떻게 해야 할까?

미리 내 생각을 밝히는 것이 나을 것 같아 이야기해 둔다.

평균적으로 남녀의 수명 차이가 6년임을 고려할 때 아마 내가 너의 엄마보다 6년 정도 먼저 죽을 것이다. 내가 치매에 걸린다면 너의 엄마의 심성으로 보았을 때 아마 너의 엄마가 아빠의 수발을 들지 않을까 싶다. 만일 네 엄마 몸이 허약해 나의 수발을 들기 어려우면 양로원으로 보내라.

만일 네 엄마가 치매에 걸린다면 내가 네 엄마의 수발을 들 것이다. 만일 나도 병에 걸린다면 그때는 양로원으로 보낼 수밖에 없을 것이다 (나와 네 엄마에게 매달 나오는 국민연금과 보험, 그리고 저축을 고려하면 양로원에 보낼 비용 정도는 나오지 않을까 한다).

부모에 대한 효심이 깊은 너와 정이 많은 며느리의 성품으로 볼 때 직접 수발들기를 원할 수도 있겠지만 그러지 말기 바란다. 단기간에 끝날 일이 아니라 장기간으로 이어질 수 있는 일이기 때문이다. 긴 병에 효자 없다는 말도 있지 않느냐.

내가 바라는 것은 단 한 가지다. 나와 네 엄마의 치매로 인해서 너와 며느리 그리고 우리 손주까지 고통을 받아서는 안 된다는 것이다.

이렇게 글을 쓰고 보니 내가 벌써 치매를 걱정해야 하는 나이가 되었나 하는 서글픈 마음과 지금 치매에 걸린 장모님을 모시고 있는 처남에 대한 미안한 마음이 같이 겹친다.

2021년 8월 1일

아빠가

7장

아내와
사이좋게 지내려면

01
평생 내 곁에 있는 사람

이 세상에서 나에 대해 가장 많이 아는 사람은 내 아내다. 아내는 내가 무슨 음식을 좋아하고 무슨 음식을 싫어하는지, 어떤 것에 알레르기가 있고 잠자리 습관은 어떤지, 코를 고는지, 이를 가는지, 자다가 화장실에 몇 번 가는지 등 모든 것을 알고 있는 사람이다. 그래서 아내는 나의 스승이자 친구이며, 주치의이자 간호사이기도 하다.

은퇴 후에는 집에 있는 시간이 비약적으로 늘어난다. 그리고 많은 시간을 아내와 같이 보내게 된다. 아내와 같이 있는 것이 행복하다면 남은 나의 인생도 행복할 것이고 아내와 같이 있는 것이 불편하다면 남은 나의 인생도 불편할 것이다. 좋든 싫든 아내와는 사이좋게 지내야 한다. 그래야 하다못해 사과 한 쪽이라도 얻어먹을 수 있다. 세 끼 식사를 모두 밖에서 먹으면 영식님, 한 끼를 먹으면 일식 씨, 두 끼를 먹으면 이식 군, 세끼를 먹으면 삼식이놈이라고 한다는 우스갯소리가 있다. 아내와 사이좋게 지내면 삼식이놈이 아니라 삼식님이 될 수도 있다.

현실적인 문제에 직면하면 아내의 소중함은 더해진다. 남편이 아파서 병상에 누워있을 때 자식들이 뒤치다꺼리하기는 힘들다. 본인들의 생업이 있을 것이기 때문이다. 또 설령 가능하다고 하더라도 딸이나 며느리가 뒤치다꺼리하기는 아무래도 힘들다. 하지만 아내는 다르다. 아내는 뒤치다꺼리뿐만 아니라 필요한 모든 것을 해 줄 수 있는 사람이다. 내가 생을 다하는 날 아내는 내 옆에서 내 손을 잡아줄 사람이다.

지난번 결혼기념일에 아내에게 편지를 썼다. '당신에 대한 나의 사랑은 온통 미안함이라는 보자기로 쌓여있습니다'라고 썼다. 아마 대부분 남편의 마음이 이와 같지 않을까 생각해 본다.

마누라 없으면 남자는 시체야

필자가 사는 단독주택은 예전에 한국화이자제약 회사의 부사장님이 살던 집이다. 그분은 집을 팔기 몇 해 전 상처(喪妻)했다. 집을 사기 위해 아내와 집을 둘러보는데 그분이 내게 이런 말을 했다. "아내에게 잘해 줘. 남자는 마누라 없으면 시체야" 당시에는 그분이 내게 왜 이런 말을 하는지 잘 이해가 가지 않았다. 그리고 표현이 너무 격해서 저렇게까지 표현할 게 뭐 있나 하고 생각했다. 하지만 필자도 나이를 먹을수록 그분이 그런 말을 한 게 점점 이해가 된다.

《나는 아내와의 결혼을 후회한다》라는 책을 집필한 김정운 교수를 만난 적이 있다. 그분 말에 의하면 할아버지와 할머니가 같이 살다가 할머니가 먼저 돌아가시면 할아버지는 얼마 살지 못하고 곧 따라가신다고 한다. 그동안은 할머니가 이것저것 할아버지를 잘 챙겨줬는데 할머니처럼 챙겨줄 사람이 없으니 결국 할아버지도 건강이 좋지 않아져서 돌아가신다는 것이다. 반대로 할아버지가 먼저 돌아가시면 할머니는 더 오래 산다고 한다. 할아버지가 살아 계실 때는 이것저것 신경도 써야 하고 할아버지가 여러모로 귀찮게 하는데 그런 할아버지가 돌아가시니 몸도 마음도 편해져서 더 오래 산다는 것이다.

가끔 할머니가 돌아가셔도 오래 사시는 할아버지가 계시기는 하단다. 그런 할아버지들에게는 다른 할머니가 있기 때문에 그렇단다.

필자의 주례사

몇 해 전 주례를 본 적이 있다. 신랑은 필자의 회사직원이었고 신부는 필자의 오랜 친구의 딸이었다. 두 사람을 소개해 준 사람이 필자여서 자연스럽게 필자가 주례를 보게 되었다. 주례사를 어떻게 할까 하고 한참을 고민했다. 솔직히 주례사는 듣는 사람이 거의 없다. 신랑·신부도 제대로 듣지 않을 것이고 하객들도 별 흥미가 없을 것이다. 오죽하면 제일 좋은 주례사는 제일 짧은 주례사라는 말도 있지 않은가. 그렇게 고민하다가 다음과 같이 주례사를 했다.

"앞으로 신랑은 신부를 여왕같이 대하십시오. 그러면 신랑은 자연스럽게 왕이 될 것입니다. 만일 신랑이 신부를 무수리로 대하면 신랑은 머슴이 될 것입니다.

앞으로 신부는 신랑을 왕같이 대하십시오. 그러면 신부는 자연스럽게 여왕이 될 것입니다. 만일 신부가 신랑을 머슴같이 대하면 신부는 무수리가 될 것입니다."

결혼식이 끝나고 식사를 하는데 50대 아주머니 두 분이 나에게 와서 주례사를 아주 감명 깊게 들었다며 고개 숙여 인사하고 갔다. 아마 그분들 가슴에 뭔가 꽂히는 것이 있었던 모양이다.

02
잔소리하지 말자

    은퇴하면 아무래도 집안 살림에 대해서 호기심이 생긴다. 직장생활로 바쁠 때는 보이지 않았던 것들이 은퇴하고 집에 들어앉으면 이것저것 보인다. 평소에는 열어보지도 않던 냉장고도 열어보고 문갑도 열어보고 옷장도 열어본다. 그러면서 이건 이렇고 저건 저렇고 하면서 아내에게 이야기한다. 남편의 이야기는 그저 아내에게 말을 거는 것이고 가벼운 대화의 소재거리로 이야기하는 것이다. 하지만 아내는 그렇게 생각하지 않는다. 아내는 그것을 남편의 잔소리로 느낀다. 남편이 생각하기에 분명히 잔소리가 아닌데도 불구하고 아내는 잔소리로 인식

한다. 살아온 세월이 축적되는 동안 남편과 아내 사이에는 불문율이 있는데 그것이 깨지니까 아내는 잔소리로 인식하는 것이다.

필자도 은퇴 초기 똑같은 상황에 직면했다. 냉장고를 열어보고 유통기한 지난 것이 있길래 유통기한 지난 것을 버리라고 이야기했는데 아내가 몹시 불쾌해했다. 유통기한 지난 것을 제대로 정리하지 못한 것은 아내의 잘못이겠지만 그것을 남편이 지적하니 속이 상한 것이다. 또한, 여자의 자존심이라고 할 수 있는 냉장고를 남편이 마음대로 열어보고 속을 뒤집어보는 것도 불쾌했던 것이다.

나중에 이야기를 들었는데 대부분 가정에서 주부들이 먹다 남은 것들을 냉장고에 넣어놓고 잊어버린단다. 그래서 냉장고에 뭐가 있는지도 모르고 나중에 냉장고를 정리하다 보면 곰팡이가 핀 것도 나오고 그러는 모양이다. 그러면서도 냉장고 용량은 큰 것을 선호하는 모양이다. 이런 상황에서 남편이 냉장고를 뒤지면 아내는 당연히 심리적으로 불편함을 느낄 것이다. 그래서 은퇴 후 남편은 아내에게 말을 아껴야 한다. 남편이 아내에게 하는 말 중 "사랑해요"라고 하는 말 이외에 다른 말들은 아내가 모두 잔소리로 인식하기 때문이다.

지적질하지 마라

바닥에 휴지가 떨어져 있으면 지적질하지 말고 그냥 주워서 휴지통에 넣어라. 먼지가 보이면 지적질하지 말고 그냥 먼지털이로 털어라. 겨울이 지나갔는데도 가습기 청소가 되어있지 않으면 그냥 직접 청소하고 볕에 말려라. 머리카락이 바닥에 떨어져 있으면 청소 제대로 하라고 지적질하지 말고 그냥 청소기 좀 돌려라. 정리되지 않은 것을 제대로 정리하라고 지적질하지 말고 본인이 그냥 제대로 정리하자. 평생을 두고 쌓아온 아내의 습관이나 버릇이 남편의 지적질 몇 번으로 바뀔 리 만무하다. 평생 안 고친 것은 남은 인생에도 고쳐지지 않는다. 그냥 그러려니 하고 살아야 한다.

필자의 아내는 뚜껑을 잘 닫지 않는 버릇이 있다. 팔 힘이 없다 보니 뚜껑을 열 때 힘이 들고 그래서 아예 다시 열 것을 생각해서 잘 닫지 않는다. 치약 뚜껑부터 시작해서 모든 뚜껑을 잘 닫지 않는다. 심지어 콜라 뚜껑도 제대로 닫지 않아 가스가 다 빠지기도 했다. 뚜껑 잘 닫으라고 수십 번 말했지만 결국 고쳐지지 않는 아내의 습관이다. 요즘은 내가 집안을 다니면서 보이는 족족 뚜껑을 닫는다. 이게 오히려 속 편하다. 내가 고치고 말자 생각하니 오히려 마음도 넓어진다.

이렇게 지적질하지 않고 행동으로 솔선수범하면 아내의 불만도 많이 줄어들 것이다.

대발이 아버지는 없다

예전에 TV 드라마 중에 〈사랑이 뭐길래〉란 드라마가 있었다. 그 드라마에는 대발이 아버지라는 등장인물이 나온다. 배우 이순재 씨가 연기했던 역이었는데 지극히 가부장적인 인물이었다. 한때 필자의 별명이 '대발이 아버지'였다. 밤에 배가 출출하면 자는 아내를 깨워 라면을 끓여 오게 했고 물 한 컵도 내 손으로 마시지 않았다. 그런데 지금은 밥 먹고 나면 자연스럽게 내 손으로 물을 떠 마시고 아내에게도 물을 한 잔 갖다 준다. 나이가 먹어서 남자의 몸에 여성호르몬이 분비되어 그런 것일 수도 있지만, 필자 나름대로 아내와 친하게 지내고 싶어서 하는 노력이다.

03
황혼이혼 하지 말자

　남편이 은퇴해서 집에 있으면 뜻하지 않게 아내와의 불화에 시달린다고 한다. 이를 방지하기 위하여 필자가 아는 어떤 선배는 은퇴 후 아침을 먹고 무조건 집을 나섰다. 갈 곳이 마땅치 않아 주로 도서관을 이용했는데 못 본 책도 보고 미국드라마도 보면서 점심은 도서관 근처에서 때우고 저녁에는 회사 퇴근 시간에 맞추어 집에 들어갔다. 군이 그렇게까지 할 이유가 있느냐, 그냥 서재에 들어가서 책을 보거나 미국드라마를 보는 것이 낫지 않느냐 하고 이야기했지만 일단 아내와 한 공간에 있는 것을 아내가 힘들어한다고 했다. 그 이야기를 들으면서 한편으로는 필자의 아내에 대한 고마움이 앞섰고 또 한편으로는 평소에 좀 잘하지 하는 생각도 들었다.

대부분의 부부가 남편의 공간과 아내의 공간을 구분 짓는 듯하다. 처음에는 교집합이 컸겠지만, 세월이 흐르면서 점점 교집합이 작아지고 그래서 결국엔 교집합이 없어지는 그런 과정을 겪는 듯했다. 그러다 급기야 황혼이혼에 이르게 된다.

다음 표는 통계청에서 2022년에 발표한 혼인 지속기간별 이혼 건수다. 2021년에는 전체적으로 이혼 건수가 4.75% 감소하였으며, 대부분의 혼인 지속기간에서 이혼 건수는 감소하였다. 다만, 유독 30년 이상 혼인 지속기간을 가진 부부의 이혼 건수는 6.94% 늘어났으며, 2020년에도 9.77%나 증가하였다.

황혼이혼을 하게 되면 재산도 분배하게 되는데 이렇게 분배된 재산으로 살아가려면 남편과 아내 둘 다 빈곤층으로 전락할 위험이 농후하다. 재산분할은 아내가 결혼 기간 기여한 가사노동의 가치를 합하여 계산하는데 최근 들어서는 그 가치를 높게 평가하는 경향이 있다. 아내가 이렇게 받은 위자료로 노후생활을 넉넉하게 살아간다면 문

〈혼인지속기간별 이혼〉

혼인지속 기간	2019	2020		2021	
	건수	건수	증감율	건수	증감율
계	110,831	106,500	-4.07%	101,673	-4.75%
0~4년	23,291	21,093	-10.42%	19,116	-10.34%
5~9년	19,983	18,437	-8.39%	17,340	-6.33%
10~14년	15,953	15,433	-3.37%	14,550	-6.07%
15~19년	13,158	11,866	-10.89%	11,280	-5.20%
20년 이상	38,446	39,671	3.09%	39,387	-0.72%
20~24년	13,459	13,035	-3.25%	11,959	-9.00%
25~29년	9,983	10,007	0.24%	9,559	-4.69%
30년 이상	15,004	16,629	9.77%	17,869	6.94%

(출처: 통계청)

제는 없다. 스트레스받지 않고 자유롭게 살 수 있어서 오히려 행복한 노후가 될 수도 있다. 남편 역시 아내에게 위자료를 주고 나서도 노후생활을 넉넉하게 꾸려갈 수 있다면 문제는 없다. 스트레스받지 않고 자유롭게 살 수 있으니 행복한 노후가 될 것이다. 하지만 부부가 같이 노후생활을 하기에도 빠듯한 경우에는 이야기가 달라진다. 빠듯한 살림이 두 개로 나뉜다면 이는 빈곤 노인으로 향하는 지름길이다.

참고 살자

황혼이혼의 원인은 대부분 남편의 귀책 사유라고 한다. 아내를 무시하고 독단적으로 행동하며 권위적으로 군림하기 때문이라고 한다.

황혼이혼을 피하기 위해서는 남편의 살신성인이 필요하다. 마누라 말 들으면 자다가도 떡이 생긴다고 하지 않는가. 무조건 아내 비위를 맞추면서 살자. 네발로 기어 다니는 사족보행(四足步行)을 하는 한이 있더라도 굽신대며 살자. 비굴하게 느낄 필요가 없다. 평생을 내 와이셔츠 다려주고 밥 지어주고 술 시중 봐 준 사람 아닌가. 내가 병들었을 때, 병 수발을 해 줄 사람이 아닌가. 그렇게 생각하고 마누라 말 잘 듣자. 황혼이혼은 막아야 한다. 알량한 자존심을 앞세워 황혼이혼을 하고 나면 남는 건 찬밥과 말라 꼬드러진 김치밖에 없다.

04
취미 생활을 공유하자

아내와 취미 생활을 공유하는 것도 필요하다.

은퇴한 뒤에 자식들의 존경을 받으며 손주들의 재롱을 보는 것을 누구나 꿈꾸겠지만 현실은 그렇게 녹록치 않다. 자식들은 회사 일을 핑계로 자주 찾아오지 않을 것이고 손주들도 손주들 나름대로 바쁜 일상을 보낼 것이다. 찾아올 때마다 용돈을 넉넉히 준다면 몰라도 그렇지 않다면 아마 별로 찾지 않을 것이다. 그저 아내밖에 없다.

하나밖에 없는 아내와 친하게 지내기 위해서는 취미 생활을 같이하는 것도 필요하다. 물론 남편의 취미와 아내의 취미가 같을 리 없다. 필자의 경우만 해도 그렇다. 필자의 성격과 아내의 성격은 정반대다. 사람과 어울리기를 좋아하는 필자는 늘 이 사람, 저 사람 만나서 이야기 나누는 것을 즐기지만 아내는 친한 사람 몇 명 이외에는 만나는 것 자체를 꺼린다.

필자가 직장생활을 할 때는 늘 사람들을 초대해서 마당에서 삼겹살을 구워 먹으며 소주 한 잔을 나누곤 했는데 아내는 이것을 질색했다. 제발 사람 좀 그만 데리고 오라고 나에게 몇 번이나 하소연했다. 서로의 성격이 다르고 취미가 다르기 때문이다. 지금은 아내의 의견을 존중해서 될 수 있는 대로 아내의 의견을 따른다. 나중에 안 사실인데 그때 아내는 김장을 1년에 4~5번씩 했다고 한다. 사람들이 올 때마다 김치가 한 통씩 없어지니 그럴 만도 하겠다. 아마 아내는 그래서 더 싫어했던 것이 아닌가 생각해 본다.

가드닝

유일하게 필자와 아내의 취미가 같은 것은 가드닝이다. 가드닝이라고 하니까 좀 거창하게 느낄지도 모르겠지만 쉽게 이야기하면 집 가꾸기다. 단독주택이다 보니 손이 많이 간다. 멀쩡하던 담장이 깨지기도 하고 천장에서 물이 새기도 한다. 심지어 가스관에 가스가 새는 경우도 한 번 있었고 추운 겨울에 수도관이 터지는 경우도 있다. 이런 일들이 있을 때마다 나는 잡부가 된다. 작업복으로 갈아입고 고친다. 정 고치지 못하면 그때는 전문가를 부른다.

아내는 주로 페인트칠을 한다. 아내는 성격이 치밀해서 페인트칠을 매우 꼼꼼하게 한다. 거기에 미적 감각이 있어서 흰색으로 페인트를 칠한 다음 코발트색으로 무늬를 그려놓기도 한다. 봄이 되면 화단에 가지들이 뻗기 시작하니 될 수 있는 대로 초봄에 화단에 들어가 벽에 페인트칠하고 나는 조수 역할을 한다. 붓을 빨아주기도 하고 페인트 통을 옮겨주기도 한다.

그 대신에 필자가 초여름에 매실이나 살구를 따면 아내는 시원한 음료수를 한 잔 가져다주기도 하고 가을에 모과나 감을 딸 때면 사다리를 잡아주기도 한다.

아내와 남편이 같이 할 수 있는 취미 생활을 찾아보자. 부부 댄스나 여행, 사진도 좋다. 아! 그러고 보니 사진 찍는데 비용도 들지 않는다. 예전에는 니콘이니 캐논이니

해서 비싼 카메라가 필요했는데 요즘은 핸드폰으로도 좋은 사진을 마음껏 찍을 수 있다. 될 수 있는 대로 비용이 많이 들지 않으면서도 부부가 같이할 수 있는 취미 생활을 선택해 보는 것은 어떨까? 아내와 친하게 지내야 반찬 한 가지라도 더 얻어먹는다.

05
아내와 함께하는 해외여행

　은퇴를 앞둔 남자들이 가장 먼저 생각하는 것이 아내와의 해외여행이다. 그동안 뒷바라지한다고 고생한 아내를 위해 해외여행을 같이 가주고 싶은 것이다. 그런데 아내의 마음은 다르다. 남편과 같이 가는 것보다 친구와 같이 가는 것을 더 선호한다. 20년 넘게 회사 일에 바빠 가정을 소홀히 한 남편이 갑자기 살갑게 다가서는 것도 부담스럽다.

　필자의 친한 친구에게 들은 이야기다. 국내 굴지의 삼성그룹에서 상무로 은퇴한 사람인데 본인이 모셨던 부사장의 이야기를 해 주었다. 부사장이 은퇴를 앞두고 아내를 데리고 미국으로 여행을 갔던 모양이다. 삼성 하면 의전 아닌가. 부사장이 방문했으니 극진하게 대접했을 것이다. 부사장은 아내에게 이런 모습을 보이면서 돌아오는 길에 넌지시 물어보았다고 한다. "우리 해외여행 다시 한번 갈까?" 그랬더니 돌아왔던 대답은 "No"였다고 한다. 아내는 이미 남편의 굴레에서 벗어나 있는데 남편만 아직 그것을 모르고 있다. 아마 대부분의 가정이 이와 비슷한 사정이 아닐까 한다. 만약 그렇지 않다면 평소에 부부애가 극진하거나 아니면 아내 되는 분의 마음이 하해와 같기 때문이 아닌가 생각해 본다.

아무튼, 은퇴 이후에는 무조건 아내와 친하게 지내야 한다. 그동안 못다 한 것을 되돌려 놓아야 한다. 처음에는 멋쩍고 민망하고 계면쩍을지 몰라도 열심히 노력해서 아내를 나의 베프로 만들어야 한다. 그 방법의 하나로 여행을 제안한다.

여행은 자유 여행으로

비싼 돈 들여서 하는 고급 패키지여행도 있을 것이고 저렴한 배낭여행도 있을 것이다. 각각의 취향에 맞추어

하면 되겠지만 나는 될 수 있는 대로 저렴한 배낭여행을 추천하고 싶다. 돈이 아주 풍족하다면 모르겠지만 그렇지 않다면 이왕이면 한 번 여행 갈 것을 두 번 여행 갈 수 있게 가급적 경제적인 여행을 계획하라고 권하고 싶다.

몇 해 전, 고등학교 친구들과 맥주를 마시다가 해외여행 이야기가 나왔다. 나는 자유 여행파였고 친구들은 모두 패키지여행파였다. 친구들이 패키지여행을 선호하는 이유는 단 하나였다. 자유 여행이 귀찮기 때문이고 준비해야 하는 시간이 오래 걸리기 때문이다. 하지만 지금은 은퇴한 후라 시간적인 여유는 충분하다. 차분차분 하나씩 알아보면서 여행 준비를 해나가면 공부도 되고 돈도 절약할 수 있어 일석이조다.

필자의 사례

필자도 여행을 좋아하고 아내도 여행을 좋아한다. 다행히 아내는 필자와의 여행을 좋아한다. 필자가 가이드의 역할을 잘 해내기 때문이다. 어느 해 러시아의 상트페테르부르크와 모스크바를 갔다 왔다. 패키지로 하면 꽤 높은 비용이 드는 곳이다. 먼저 비행기부터 검색했다. 스카이스캐너나 카약, 구글 플라이트를 이용하면 저렴한 비행기 요금을 발견할 수 있다. 꼭 그런 것은 아니겠지만 주말에 운항하는 비행기보다는 월요일같이 평일에 운항하는 비행기 요금이 저렴하다. 시간상으로 선택할 수 있는 범위가 넓으니 될 수 있는 대로 비용이 저렴한 것을 선택하면 된다. 그렇게 고른 것이 카자흐스탄 국적기의 에어 아스타나였다. 해외 나갈 때 꼭 대한항공을 고집할 필요가 없다. 기내 서비스야 대한항공이 최고겠지만 국적기의 요금이 제일 높다.

숙박은 호텔스닷컴을 이용해서 저렴한 곳으로 예약했다. 아침부터 저녁까지 밖으로 돌아다닐 것이고 호텔에서는 잠만 잘 것이기 때문에 굳이 좋은 호텔로 예약할 필요는 없었다.

상트페테르부르크에서 모스크바까지는 야간열차를 타기로 했다. 러시아 철도청 홈페이지에 들어가서 영어를 선택하고 무사히 예약할 수 있었다.

아내는 러시아에 갔으니 볼쇼이에서 발레도 보고, 차이콥스키 음악당에서 음악도 듣고 싶다고 했다. 아내의 요구사항을 모두 수용했다. 찾아보고 예약까지 마치고 지도도 미리 출력해 두었다.

일차적으로 여행 일정을 만들어 아내에게 결재를 올렸다. 아내는 뺄 곳과 더할 곳을 이야기했고 거기에 맞추어 다시 v2.0으로 결재를 올렸다. 이런 절차를 몇 번 반복하고 최종 확인을 받으면 아내와의 재미있는 해외여행이 시작되는 것이다.

필자와 아내의 자유 여행은 사실 대부분 필자의 노력에 기인한다. 아내는 블로그나 유튜브, 책에서 본 것들을 이야기하며 자신이 관심 있는 곳을 이야기하고 필자는 성실히 그 지시사항을 따른다. 그렇게 여행하다 보니 아내의 해외여행 만족도는 대단히 높다. 남편이 고생하는 만큼 아내가 재미를 느끼니 좀 아이러니하기도 하지만 어쨌든 아내와 가장 사이좋게 지낼 수 있는 방법이 아닌가 한다.

기행문 남기기

평소 글쓰기를 좋아하는 필자이기 때문에 가능한 방법인지는 모르겠지만 여행을 다녀와서는 기록을 남기는 것이 좋다. 비싼 돈 주고 러시아를 다녀왔는데 시간이 흘러 어디를 갔는지 무엇을 보았는지 잊어버린다면 얼마나 아까운 일인가. 젊은 사람들은 영상을 남기기도 하지만 아무래도 활자가 익숙한 은퇴세대는 글로 남기는 것이 가장 좋을 것 같다.

여행을 시작하기 전에 무엇을 준비했고 어떤 경로를 통해서 여행지에 도착했고 여행지에서는 무엇을 보았고 무엇을 들었고 무엇을 느꼈는지 기록을 남겨놓으면 5년 뒤, 10년 뒤에도 그때의 감흥이 고스란히 살아날 것이다. 먼 훗날 다리에 힘이 없어 여행이 언감생심일 때 그때의 기행문을 꺼내 읽으면 노부부의 감동은 더하지 않을까 싶다.

참고로 필자의 러시아 기행을 소개한다.

(전략)

비행기 예매

먼저 비행기부터 예매해야 했다. 스카이스캐너를 통해 조사해 보았더니 에어 아스타나가 가장 저렴하다. 카자흐스탄 비행기다. 아직 내가 이용해보지 못한 항공사다. 이 항공사의 가장 큰 장점은 하루 스톱오버를 하면 1달러에 호텔 숙박과 조식, 공항에서 호텔까지의 교통편을 제공해준다는 것이다. 내가 따로 카자흐스탄을 가 볼 기회가 있을까? 이번 기회에 가 보면 어떨까? 하는 생각이 들었다. 러시아에서 귀국할 때 알마티에서 환승을 하게 되는데 아예 하루를 연기하였다.

그렇다면 하루를 카자흐스탄 수도 알마티에서 보내게 된다. 그렇게 계획을 세우다 보니 갈 때는 인천 → 알마티 → 아스타나 → 상트페테르부르크가 되었고 올 때는 모스크바 → 알마티, 1박 후 알마티 → 인천이 되었다.

(중략)

호텔

호텔은 두 군데를 예약해야 한다. 상트에서 3박, 모스크바에서 2박이다. 상트에서 모스크바로 갈 때에는 야간열차의 침대칸에서 잘 것이고 알마티에서는 에어 아스타나가 제공하는 호텔을 이용할 것이다. 에어 아스타나에서 제공하는 호텔은 여러 곳이 있었는데 나는 그중에서 호텔 머큐어 알마티 시티 센터를 예약했다. 이미 예약이 마감된 곳도 있었다. 지도를 보면서 나름대로 가장 교통이 편한 곳으로 정했다.

(중략)

야간열차

상트페테르부르크에서 모스크바로 이동하는 방법은 1) 비행기로 이동하는 방법, 2) 삽산이라고 하는 철도로 이동하는 방법(4시간 정도 걸린다), 3) 야간열차로 이동하는 방법이다. 비행기로 가는 방법은 처음부터 배제했다. 고민은 2번과 3번이었다. 삽산을 이용하면 4시간만에 이동이 가능하다. 이것을 탈까? 아니면 하룻밤 호텔비도 아낄 겸 야간열차를 탈까? 며칠을 고민하다가 결국 3번을 택하기로 했다. 시베리아 횡단 열차의 침대칸은 못 타 봤지만 모스크바로 가는 침대칸이라도 타 보고 싶었다.

(중략)

발레

러시아에 온 김에 발레도 보고 싶었다. 상트페테르부르크에는 마린스키 극장이 있고 모스크바에는 볼쇼이 극장이 있다. 먼저 마린스키 극장을 검색해 보았더니 우리가 이곳에 머무는 기간에는 공연이 없다. 지난번 블라디보스토크에서도 우리가 있던 날에 마린스키 공연이 없어 보지 못했는데 이번에도 보지 못한다. 아쉬운 마음에 더 검색해 보다가 미하일로프스키 극장을 발견했다. 마린스키 못지않게 유명한 극장이다.

(중략)

음악회

음악회도 하나 보기로 했다. 차이코프스키 음악원, 혹은 모스크바 음악원이라고 불리는 곳이다. 베토벤의 피아노 소나타를 듣기로 했다. 7열의 9번, 10번 좌석이다. 이것도 역시 저렴하게 예약했다. 러시아 물가를 생각하면 약간 비싸긴 했지만, 우리나라보다는 확실히 저렴하다.

(중략)

에르미타주 미술관

이곳에 입장하기 위해서는 긴 대기시간을 거쳐야 한다고 했다. 예약을 해 볼까 하다가 관두었다. 기계를 통해서 입장권을 끊으면 바로 들어갈 수 있다는 정보도 있고 신관에서 매표하면 바로 들어갈 수 있다는 정보도 있었다.

(중략)

예카테리나 궁전

이곳은 대기시간이 길기로 악명 높은 곳이다. 방법은 미리 예매하는 것인데 하루에 예매할 수 있는 양이 많지 않을뿐더러 날짜도 제한적이다.

중국 사람들의 무더기 사재기 때문이란다. 9월 9일 방문하기로 했는데 제대로 예약이 될지 모르겠다. 만일 예약이 안 된다면 밖의 정원만 보고 돌아오는 불상사가 발생할 수도 있다. 아내는 호박방을 보기 원하는데 좋은 방법이 없을까? 계속 고민해 보아야겠다.

(중략)

페테르고프 여름 궁전

이날은 오전에 페테르고프 여름 궁전을 보고 오후에 예카테리나 궁전을 보기로 한 날이다. 페테르고프 여름 궁전의 하이라이트는 아래 정원이다.

(중략)

2019년 9월 7일(토)

(중략)

인천공항 → 알마티(7시간)

10시 45분부터 개찰이라고 했다. 시간 맞추어 47번 게이트에 도착했다. 바로 입장을 시작한다. 정확하게 시간을 지키고 있다. 예전에 러시아 항공의 비행기에 2분 늦어서 못 탄 사람의 사연을 들은 적이 있는데 러시아계통의 비행기는 정확한 시간을 지키나 보다.

우리 자리는 13번 열이었는데 창문이 없어서 답답했다. 14번 열 뒤에는 벽이 있어 의자를 젖히기 좋았다. 다음에 B767 기종을 탈 때는 14번 열로 정해야겠다.

(후략)

06
시내 맛집 투어하기

직장에 다닐 때 휴일이 되면 늘 집밥을 먹었다. 이유는 한 가지였다. 일주일 내내 밖에서 밥을 먹었으니 휴일에는 집밥을 먹고 싶었기 때문이다. 나의 요구에 아내는 별다른 말 없이 수긍하고 집밥을 해 주었다.

그러던 어느 날 아내는 이렇게 이야기했다. 당신이 일주일 내내 밖에서 밥을 먹고 휴일에 집밥이 그립듯 나도 일주일 내내 집에서 밥을 먹으니 휴일에는 밖에서 먹는 밥이 그립다는 것이다.

그 말을 듣고 망치로 뒤통수를 맞은 것 같았다. 그동안 필자는 전혀 아내의 입장이 되어보지 못한 채 그저 본인

생각만 했던 것이다. 그날 필자의 이기심을 통렬히 반성했다. 그래서 아내가 휴일 저녁에 "뭐 먹고 싶어?" 하고 물으면 "나가서 먹자"라고 대답한다.

여담이지만 아내가 휴일 저녁에 "뭐 먹고 싶어?" 하고 물으면 이 말은 '지금 내가 밥을 차려야 할 시간인데 솔직히 밥을 차리기가 심히 귀찮다. 그런데 내 입으로 나가서 먹자고 말하기는 좀 그러니 네가 나의 마음을 헤아리고 나가서 먹자고 이야기해 봐라' 이런 뜻이라고 한다. 그런데 이런 아내의 심중을 헤아리지 못하고 "그냥 있는 것 먹어"라든지 "아무거나"라고 대답하면 아내는 괜히 심통이 나서 도마를 크게 두드리고 냄비 뚜껑을 소리 나게 닫는다.

남편이 집밥을 원하듯 아내도 남이 해주는 밥을 원한다. 그래서 가끔은 아내와 맛집 투어를 해 보라고 권하고 싶다.

백반 기행

예전에 맛집 투어를 한 적이 있다. 맛난 음식으로 유명한 전라도를 한 바퀴 돌았다. 군산에서 게장을 먹고 전주에서 비빔밥을 먹고 나주에서 곰탕을 먹고 목포에서 아귀찜을 먹었다. 장흥에서는 전라도 정식을 먹었는데 반찬 개수가 30~40가지는 된 듯했다. 그러면서도 가격은 2만 원이었다.

은퇴 후에는 백반 기행을 하기로 했다. 매번 한정식을 먹기에는 양도 부담스럽고 가격도 부담스러웠다. 그래서 집에서 1시간 이내로 갈 수 있는 곳의 유명한 맛집을 알아보았다. 금액은 될 수 있는 대로 2만 원 이하로 정했다. 남대문 시장의 갈치골목도 유명하고 동대문의 고등어구이도 맛있다. 삼각지에는 국수를 맛있게 하는 집이 있고 마포에는 게장백반 맛있게 하는 곳이 있다.

최근에 〈식객 허영만의 백반기행〉이라는 프로그램을 보았다. 그 프로그램에서 소개해 주는 집들을 찾아가 보는 것도 재미있을 것 같다는 생각이 들었다.

8장

품위 있는 은퇴를 위하여

01
어디에서 살 것인가?

직장을 다닐 때 나의 거주지는 회사 근처였다. 직장이 서울에 있으면 서울 혹은 서울 근교에 집이 있고 직장이 광주광역시면 전라도에 집이 있고 직장이 강원도면 강원도에 집이 있었다. 하지만 은퇴를 하게 되면 나에겐 실질적인 거주이전의 자유가 주어진다. 직장이라는 변수가 사라졌기 때문에 전라도든 강원도든 서울이든 아무 데나 가서 살 수가 있다. 은퇴 즈음해서 내가 늙어 죽을 때까지 살 집에 대해서 고민해 보는 것도 의미가 있을 것 같다.

사람 많은 곳에서 부대끼며 살고 싶은 사람은 도시에서 살아야 할 것이고 나무를 좋아하는 사람은 시골에 살아야 할 것이고 화단을 원하는 사람은 단독주택에 살아야 할 것이다. 많은 주거의 형태가 있지만 젊었을 때는 대부분 아파트를 고집한다. 편하기 때문이다. 하지만 은퇴한 뒤에는 여유 있는 시간을 활용하기 위해 다른 주거 형태에 관심을 가져보는 것도 필요해 보인다.

넓은 아파트를 유지하는 친구에게 '은퇴하고 아들딸 모두 결혼해서 출가했는데 왜 이렇게 넓은 아파트에 사느냐?'고 물어본 적이 있다. 아들딸의 방을 비우기가 곤란해서 그렇다고 한다. 무엇이 곤란하냐고 물었더니 집에 오면 자고 갈 방은 있어야 하지 않느냐는 것이다. 1년에 몇 번이나 자고 가느냐고 물었더니 한 번 정도라고 했다.

은퇴한 이후의 삶은 아들딸에 얽매이지 말고 아내와 둘이 편하게 살 궁리를 해야 한다.

나는 단독주택에 산다

필자는 서울 강북의 단독주택에 산다. 단독주택에 살다 보면 참 할 일이 많다. 아침이면 작업복으로 갈아입고 마당에 나가 풀을 뽑는다. 개털을 빗겨주고 사료를 챙겨주고 물도 챙겨준다. 복잡하게 뻗어있는 가지는 정리하고 가끔은 꽃도 꺾어 아내에게 바친다. 강아지가 아무 곳에나 실례해 놓은 덩어리들을 치워야 하고 대문 앞도 비질해야 하며 마당도 쓸어야 한다. 햇살 좋은 날은 장독 뚜껑도 열어놓아야 하고 해지기 전엔 다시 장독 뚜껑을 닫아야 한다.

아! 햇살 좋은 날 하는 것이 또 하나 있다. 빨래를 뽀송뽀송하게 말리는 일이다. 뽀송뽀송하게 마른빨래를 걷을 때의 쾌감은 무척 감미롭다.

현관문을 열면 바로 계절을 안다. 꽃이 피어 있으면 봄이고, 나뭇잎이 생기 있고 울창하면 여름이고, 나뭇잎이 시들면 가을이고, 앙상한 가지만 있으면 겨울이다. 겨울에는 눈이 보이기도 한다.

단독주택에 살면서 또 하나의 즐거움이 늘었다. 바로 나무를 가꾸는 일이다. 우리 집에 있는 나무 중에서 필자가 이 집에 올 때 이름을 안 나무는 몇 개 되지 않았다. 하지만 지금은 거의 모든 나무와 꽃의 이름을 안다. 조만간 나무마다 그 나무의 이름을 명찰로 만들어 붙이려 한다.

대문 바로 옆에는 은행나무가 있다. 그리고 자목련, 매화나무, 개복숭아 나무, 향나무, 느티나무, 소나무, 모과나무, 호두나무, 사과나무, 앵두나무, 감나무, 살구나무, 대나무, 벗나무, 철쭉 등등이 있다.

자목련은 가장 먼저 꽃을 피운다. 보라색의 꽃이 화사하게 필 무렵이면 다른 나무에서도 질세라 꽃이 피기 시작한다. 그즈음의 우리 집은 온통 꽃밭이다. 예쁘기도 하고 아름답기도 하다. 꽃들이 질 때쯤이면 감나무에서는 잎이 나기 시작한다. 그리고 얼마 뒤 앵두가 열리고 살구가 열린다. 앵두나무에서 조심스럽게 딴 앵두는 지인들에게 나누어준다. 그러고도 남은 앵두는 술을 담근다. 빨간색의 앵두주는 없던 식욕도 불러일으킨다. 살구도 열린다. 살구는 땅에 떨어진 것이 맛있다고 한다. 먹다가 지치면 술을 담근다. 담근 술은 이듬해에 걸러 주위 사람들에게 나누어준다. 사람마다 맛있다며 아우성이다.

한여름이 찾아온다. 세상은 온통 녹색이다. 어디선가 나타난 개구리는 시끄럽게 울어 젖히고 한바탕 소나기가 지나가면 풀 냄새가 온 집안에 가득하다. 그렇게 여름이 지나가면 감과 모과가 익어가기 시작한다. 감은 수확량이 제법 되어 주위 사람들에게 나눠 주기도 하고 고추장을 담글 때 사용하기도 하고 김치를 담글 때 사용하기도 한다. 가끔은 곶감을 만들기도 한다.

꽃들도 제법 있다. 처음에는 이름 모를 꽃들이 이제 하나둘씩 그 이름을 찾아간다. 마당 구석에 혼자서 남몰래 피어 있던 금낭화, 소나무 밑에서 수줍게 피던 제비꽃, 현관문 바로 앞에 있는 모란꽃, 키 작은 함박꽃, 화려한 철쭉과 우아한 철쭉, 그리고 고운 자태를 뽐내는 작약이 피어 있다.

나무와 꽃, 그리고 강아지를 벗 삼아 지내는 필자의 생활은 그래서 늘 조용하고 풍요롭다.

02

미니멀리즘 하게 살아보자

우리나라의 대표적인 주거 환경은 아파트와 빌라다. 회사에 다닐 때는 직급이 올라갈수록 아파트 평수도 같이 키워나가는 것이 상례였다. 아이들이 크면서 각자 방을 요구하면 방이 하나 더 있는 아파트를 구해야 했다. 아이들 덩치가 커지는 만큼 공간이 줄어드니 넓은 평수로 이사해야 했다. 평수가 늘어나는 것에 맞추어 소파와 장롱, 냉장고도 좀 더 큰 것을 사다 보니 다시 공간이 좁아졌다. 그래서 더 넓은 평수로 이사해야 했다.

은퇴 후에는 사는 집도 구조조정할 필요가 있다. 경제적 여유가 된다면 현재 거주하고 있는 집에서 계속 거주해도 상관없겠지만 그렇지 않다면 집을 좁혀갈 필요가 있다. 작은 집에서 큰 집으로 이사 가는 것은 별 무리가 없지만 큰 집에서 작은 집으로 이사하는 것에는 무리가 따른다. 일단 짐이 들어갈 공간이 없다. 넓은 집에 맞추어 산 소파와 장롱이 좁은 집에 맞을 리 없다. 냉장고도 그렇고 세탁기도 그렇다. 하지만 한 번은 거쳐야 할 통과의례다. 아이들이 독립하고 난 이후의 아파트는 남편과 아내 둘의 공간으로 꾸며야 한다.

아파트 평수는 작아지지만 넓게 사는 방법이 있다. 미니멀리즘이다. 필요 없는 물건들은 모두 버리고 꼭 필요한 것만을 가지고 살아야 한다. 내가 죽고 나서 아들딸들이 가져갈 물건 이외에는 다 버려야 한다. 이웃 나라 일본에는 종활(終活, 슈카츠)이라고 하는 말이 있다고 한다. 65세 이상 고령자가 3천만 명이 넘는 일본에서 자신의 생을 마감했을 때 자녀가 곤란을 겪지 않도록 미리 준비하는 과정을 말한다. 남에게 폐를 끼치기 싫어하는 일본인 특유의 문화가 바탕에 깔린 것으로 해석된다. 종활에는 유언 작성, 연금보험의 재검토, 장례식, 묘지 결정, 엔딩 노트 작성 등이 있는데 이 중에는 남아있는 사람들이 처분하기 힘든 물건들을 미리 처분하는 것도 포함되어 있다. 필요 없는 물건을 처분하고 좁은 집을 넓게 살면서 자식들에게 부담도 줄이는 하나의 방법이다.

필자의 서재

필자는 책 욕심이 많아 서재가 큰 편이고 서재의 벽면과 중간은 모두 책꽂이가 차지하고 있다. 경제·경영 서적부터 역사서, 문학서, 심지어 외서까지 있다. 문득 이런 생각이 들었다. 내가 죽으면 이 많은 책은 어떻게 될까? 내 아들이 이 책을 가져가서 읽을까? 그렇지는 않을 것 같았다. 그래서 동네 도서관에 문의했다. 책을 기부하고 싶은데 절차가 어떻게 되느냐고 물었다. 뜻밖의 대답이 돌아왔다. 필자는 보유 서적을 기부하면 도서관에서 좋아할 줄 알았다. 그런데 좋아하지 않았다. 최근 3년 이내에 발간된 책만 기부받는다고 했다. 반응도 시큰둥했다. 결국, 도서관에 책을 기부하는 것은 포기하였다. 그러다 알라딘에서 헌책을 산다는 것을 알게 되었다. 알라딘 홈페이지에 ISBN을 입력하면 사는 금액을 알려준다고 했다. ISBN은 International Standard Book Number의 약자인데 책의 주민등록번호로 이해하면 좋을 것이다. ISBN이 없는 것은 책이라기보다는 유인물 정도로 받아들이면 된다. 하지만 독립서점에서 판매하는 독립출판물은 ISBN이 없는 경우도 있다. 알라딘 홈페이지에서 ISBN을 입력했더니 1/3 정도는 사지 않는다고 했고 나머지는 몇천 원부터 몇만 원까지 구매가 가능하다고 했다. 나에게 필요하지 않을 책들은 모두 알라딘에 가져가서 팔았고 몇십만 원의 부수입이 생겼다. 그리고 나니 서재가 한결 넓어졌다.

03
누구나 분노조절장애를 겪는다

　은퇴 후 가장 조심해야 하는 부분이 분노다. 흔히 '분노조절장애증'이라고 표현하기도 한다. 정년을 채우고 은퇴한 경우에는 그래도 강도가 약하다. 하지만 회사의 사정으로, 혹은 불가피한 사정으로 갑자기 은퇴를 당한 경우는 분노조절장애에 휩싸이기 쉽다.

　필자가 그랬다. 부끄러운 이야기지만 고백해야겠다.

　당시 필자는 증권사의 전무로 경영관리본부장을 맡고 있었다. 사장 다음가는 자리였다. 하지만 1대 주주와 2대 주주의 갈등 속에 필자는 한순간에 퇴직자가 되었다. 필자의 머릿속에는 회사의 발전 방향이라든지, 여러 가지 마케팅 방안, 숙원사업 해결 등 온갖 노하우가 들어있었다. 하지만 퇴직자가 된 순간 모든 것이 사라졌다. 출근할 공간은 사라졌으며 비서가 점심 예약도 해 주지 않았다. 총무팀은 자동차와 법인카드를 회수해 갔다. 날개가 꺾인 것은 물론 팔다리가 모두 묶인 듯한 좌절감과 패배감이 온몸을 휩싸고 돌았다. 그때 생긴 것이 분노조절장애증이었다. 화가 났다. 가장 옆에 있는 아내에게 짜증을 내고 화를 냈다. 심지어는 바깥에서도 화를 냈다.

로봇청소기가 고장 나서 서비스센터에 가져갔는데 수리비로 12만 원을 청구했다. 나는 무슨 로봇청소기가 살 때부터 하루가 멀다고 고장이 나느냐 하며 짜증을 냈다. 이미 여러 차례 서비스를 받은 상태였기 때문이다. 거기에 고가의 수리비를 요구하니 더 짜증이 났다. 필자는 욱하는 마음에 로봇청소기를 들어 바닥에 던졌다. 그리고 수리 기사에게 다시는 당신네 제품을 사용하지 않겠노라고 소리를 질렀다.

지금 생각해 보면 참 부끄럽다. 나름대로 여유로운 성격이라고 자부하고 스스로 지성인이라고 생각하지만, 그때는 왜 그랬는지 정말 이해가 가지 않는다.

나중에 아내에게 이야기를 듣자니 그때의 필자는 마치 사춘기 때의 소년같이 폭풍의 시기를 보내고 있었다고 했다. 다행히 시간이 해결해 주었다. 얼마간의 시간이 흐르고 백수 생활이 익숙해질 무렵 나의 분노조절장애도 해결되었다.

누구나 분노조절장애를 겪는다

누구나 분노조절장애를 겪는다고 생각한다. 시기와 강도만 다를 뿐 누구나 분노조절장애를 겪는다. 아무리 점잖은 사람이라도 그런 시기가 있다고 생각한다. 다만 그 순간이 짧게 지나갈지, 길게 이어질지는 본인의 노력 여하에 달려있다.

필자의 경우는 다행히 아들이 옆에서 힘이 되어 주었다. 아들은 옆에서 질풍노도의 시기를 보내고 있던 필자에게 힘내라며 격려해 주었고 그 격려가 꽤 도움이 되었다. 비록 회사에서는 인정받지 못하고 잘렸지만 그래도 내 아들은 나를 인정해 주고 있다는 생각을 하다 보니 나의 분노조절장애 증상이 서서히 사라진 것이 아닌가 한다.

은퇴 후에는 위축된 마음에 모든 것이 불만이고 그래서 매사에 분노를 느끼기 쉽다. 이때 스스로 분노하지 않도록 마음을 잘 다독이자. 홧김에 분노를 표출하면 두고두고 창피해진다.

04
늙는 것을 두려워하지 말자

늙는 것은 자연스러운 일이다. 그러니 늙는 것을 두려워할 필요는 없다.

내가 아내를 처음 만난 건 1982년 3월이었다. 40년도 더 지났다. 처음 만났을 때 아내는 정말 예뻤다. 대학에 입학하고 미팅에서 만났는데 하얀 원피스를 입은 아내의 모습은 정말 천사 같았다. 그랬던 아내가 어느새 흰머리가 가득한 할머니가 되었다.

아내가 젊었을 때는 건강한 아름다움이 있었고 중년일 때에는 중년의 성숙함이 있었으며 노년에는 원숙함이 있다. 젊었을 때는 무언가에 쫓기듯 늘 바쁘게 살아왔지만,

나이가 들어서는 속도의 경쟁에서 벗어나 한결 여유 있게 생각하고 행동한다. 아내의 모습을 보면서 늙어가는 것도 꼭 나쁜 것만은 아니라는 생각을 한다.

영화 〈은교〉 중에 명대사가 하나 나온다. 아주 오래전에 본 영화인데 이 대사는 지금도 내 머릿속에 남아있다. "너의 젊음이 너의 노력으로 얻은 상이 아니듯 내 늙음도 내 잘못으로 받은 벌이 아니다"

나이가 들면 자연히 늙기 마련이다. 그러니 늙는 것을 두려워할 필요는 없다. 늙으면 늙은 만큼 지혜가 늘어난다. 1962년 유네스코(UNESCO) 연설에서 아프리카 작가 아마두 함파테마(Amadou Hampate Ba)는 "노인 한 사람이 죽는 것은 도서관 하나가 불타 사라지는 것이다."라고 말하기도 했다.

더 중요한 것은 몸은 늙어도 마음은 늙지 않아야 한다는 것이다. 김대중 전 대통령이 하신 말씀이 있다. 늙은이란 '몸이 늙은 사람을 말하는 것이 아니고 마음이 늙은 사람이다.'

몸이 늙는 것을 두려워하지 말고 마음이 늙는 것을 두려워하자.

때로는 학교 후배나 직장 후배들을 만나 인생 상담도 해 주고 친구들과 만나 가벼운 산행도 하면서 늙은 만큼 축적된 지혜를 나누어주자.

젊은이의 무례

젊은 사람들로부터 무례한 일을 당할 때도 있다. 지하철에서 60대 노인을 폭행한 20대 여자 사건이나 지하철에서 60대 노인에게 폭언을 한 20대 청년 사건이 사회의 공분을 산 적이 있었다. 안타까운 일이다. 그 젊은이들은 분명 인성에 문제가 있는 사람일 것이다.

만일 그렇게 무례한 젊은이를 만나면 이렇게 이야기해 주고 싶다.

'어이, 젊은이! 당신 늙어 봤어? 난 젊어 봤어!' 하고 말이다.

05
세상에 공짜는 없다

　은퇴하고 나면 아무래도 지갑 여는 것에 인색해진다. 그러다 보니 누가 무료로 무엇을 주겠다고 하면 덥석 무는 경우가 생긴다. 이것을 조심해야 한다. 몇 푼 아끼려고 하다가 수십 배의 비용을 내는 경우가 생긴다.

　얼마 전 네이버에서 무언가를 검색하다가 솔깃한 문구를 발견했다. '서울시 성북 사람만 제주여행 체험단 선착순 100명 모집'한다는 것이었다. 필자가 사는 성북구에서 좋은 행사를 하는구나 하고 생각했다.

　안내 문구는 아래와 같았다.

> **〈2박 3일 제주여행 체험단을 모집합니다(성북구)〉**
> 전 국민 행복지원 체험단 3기가 성황리에 종료되었습니다. 참여해 주신 모든 분께 감사드립니다.
> 이번엔 장기간 코로나 사태로 힘겨워하는 성북구 부부의 행복증진에 동참하는 취지로 제4차 전 국민 행복지원 체험단을 진행합니다.
> 앞서 세 차례 제주 2박 3일 체험단에 당첨되신 분들은 아쉽지만, 중복 당첨은 불가하니 다른 분들께 양보 부탁드립니다.
> • 신청대상: 서울특별시 성북구 거주민
> • 신청 기간: 4월 8일(금)~4월 29일(금)

자세히 읽어보았더니 좀 이상했다. 밑에 당구장 표시와 함께 '해당 이벤트는 성북 스튜디오 전문 사진작가의 재능기부와 중소 여행사의 따뜻한 이웃사랑 협찬으로 진행됩니다. 공공기관과 자치단체에서 진행하는 게 아님을 미리 알립니다.'라고 작은 글씨로 적혀있었다. 그래서 '아하, 사기의 냄새가 난다. 이게 개인정보를 탈취해가는 곳이겠구나.' 하고 생각하고 검색을 해 보았더니 아니나 다를까 개인정보 유출 사기에 해당하였다.

공짜 좋아하고 시간적 여유가 있는 은퇴자들을 대상으로 사기 친 것이다. 비슷한 예로 가족사진 무료 촬영 이벤트도 있다.

가족사진 무료 촬영 이벤트

가족사진을 무료로 촬영해준다는 이벤트를 펼치고 신청한 사람에게 촬영 예약을 유도한다. 가족사진 3인 이상을 대상으로 하며 28×36cm의 사진 1매를 액자와 함께 무료로 제공한다고 한다. 드레스, 턱시도, 구두, 액세서리 등도 무료로 제공하며 헤어 메이크업 비용 15만 원 중 12만 원을 지원하여 3만 원만 부담하면 된다고 한다.

이렇게 해 놓고 막상 스튜디오에 가면 몇 시간 동안 가족들과 수백 장의 사진을 찍는다고 한다. 그래놓고 작은 액자에 사진 딱 한 장밖에 주지 않는다. 나머지 수백 장의 사진은 무료로 제공하지 않는다. 헤어 메이크업 하고 몇 시간 동안 사진을 찍었는데 겨우 1장만 무료로 준다면 거의 대부분 나머지 사진들도 구매할 것이다. 문제는 사진과 더불어 사야 하는 액자의 가격이 적게는 몇십만 원에서 많게는 몇백만 원까지 한다는 것이다.

무료 이벤트라고 하면 '사진도 무료로 찍어주고 액자도 주고 원본 파일도 주고 하겠지!' 하고 생각할 텐데 이는 전혀 사실과 다르다. 말 그대로 촬영만 무료다.

세상에 공짜는 없다. 나이 들어 은퇴해서 돈 몇 푼 아껴보려고 하다가 몇십 배나 되는 엉뚱한 지출을 강요당하기 쉽다. 그러니 공짜는 바라지 말자.

공짜를 바라면 안 되는 또 다른 이유는 사기를 당하기 쉽다는 것이다. 전체 사기 사건 중에 은퇴자를 대상으로 하는 사기의 비율이 늘어나고 있다. 특히 1억 원 이상의 거액 사기 사건의 피해자 중 60세 이상이 절반을 넘는다고 한다.

06
내 인생의 버킷리스트

　　오래전 잭 니컬슨, 모건 프리먼 주연의 〈버킷리스트〉
란 영화를 본 적이 있었다. 늙은 자동차 정비공인 모건 프
리먼은 불치병에 걸려 시한부 인생을 통보받는다. 모건
프리먼이 입원한 병원의 오너인 잭 니컬슨도 역시 시한부
인생을 통보받는다. 의기투합한 두 사람은 죽기 전에 꼭
해 보고 싶은 버킷리스트를 만들고 실행에 옮긴다. 이 영
화에서 가장 인상 깊었던 장면은 '가장 아름다운 미녀와
키스하기'였다. 잭 니컬슨은 딸을 찾아가 화해하고 외손
녀를 만나 키스하며 '가장 아름다운 미녀와 키스하기'를
실행하였다.

이 영화에서는 여러 가지 버킷리스트가 나온다. 장엄한 광경 보기, 눈물 날 때까지 웃기, 모르는 사람 도와주기, 스카이다이빙 하기, 피라미드 보기 등등의 버킷리스트를 보면서 나도 한번 버킷리스트를 만들어 보아야겠다는 생각을 했다.

은퇴하기 전 나만의 버킷리스트를 만들어 놓으면 어떨까? 은퇴 전 나의 삶이 직장에 얽매이고, 직장의, 직장을 위한, 직장에 의한 삶이었다면 은퇴 후의 삶은 나의, 나를 위한, 나에 의한 삶이 되어야 하지 않을까? 그렇다면 내가 만들어 놓은 버킷리스트가 향후 나의 이정표가 되지 않을까?

피라미드 보기를 버킷리스트로 정했다면 이집트에 대한 역사를 먼저 공부하고, 아랍 숫자를 읽는 방법도 알아두어야 한다. 아스완이나 룩소르의 유적들에 관해서도 관심을 가지고 알아볼 것이다. 예전에 유행했던 람세스 책을 다시 꺼내서 읽을 수도 있고, 피라미드 근처의 악명 높은 호객꾼들에 대한 대비도 할 수 있을 것이다.

얼마 전 전화를 한 통 받았다. 교보투신 사장을 지낸 선배님이었다. 집 주소를 물어보면서 본인이 이번에 시조

집을 출간했는데 한 권 보내주겠다고 했다. 그러면서 이런 말을 덧붙였다. "예전에 당신한테 당신이 쓴 책을 받으면서 그게 그렇게 부러웠다네. 나도 책을 한 권 써보고 싶었어. 그래서 이번에 《미사리 강변의 노래》라는 시조집을 낸 거야. 그동안에는 내 인생의 버킷리스트로만 적혀있었는데 이번에 드디어 달성했어. 이 책을 내는 데에는 당신의 역할이 컸어." 그분은 필자의 15년 선배다. 70대 중반의 나이에 본인의 버킷리스트를 달성한 것이다.

필자의 버킷리스트

필자의 버킷리스트 중 하나만 소개한다. 바로 지중해 크루즈 여행이다.

스페인의 바르셀로나에서 출발하여 나폴레옹이 태어난 코르시카섬으로 향한다. 코르시카섬을 관광하고 나서 배에 다시 오르면 밤새 배는 로마로 향한다. 아침에 로마에 닿아 로마 구경을 하고 다시 배에 오르면 밤새 배는 나폴리로 향한다. 아침에 나폴리에 도착하면 나폴리 구경을 하고 다시 배에 오르면 배는 밤새 피사의 사탑으로 유명한 피사로 향한다. 아침에 피사에 닿아 피사 구경을 하고

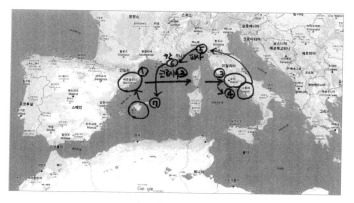

지중해 크루즈 일정

다시 배에 오르면 밤새 배는 다시 칸영화제로 유명한 칸으로 향한다. 아침에 칸에 닿으면 칸 구경을 하고 다시 배에 오르면 배는 다시 밤새 팔마로 향한다. 아침에 팔마에 도착해 구경하고 난 후 다시 배에 오르면 배는 다시 밤새 바르셀로나로 향한다.

이렇게 바르셀로나 – 코르시카섬 - 로마 - 나폴리 - 피사 - 칸 - 팔마 - 바르셀로나의 7박 8일 일정이다. 따뜻한 남부 유럽의 태양을 만끽하며 낮에는 고대 도시들을 구경하고 밤에는 크루즈 안에서 다양한 활동과 휴식을 취할 수 있는 크루즈 여행이 나의 버킷리스트 중 하나다. 정상 요금은 5천

불 정도 하지만 조기 예매나 마감에 임박해서는 훨씬 합리적인 가격으로 이용할 수 있다. 은퇴하고 나서 적절한 시기가 되면 아내와 같이 유럽 크루즈 여행을 함께할 예정이다.

07
황혼 육아는 선택의 문제

필자의 아내는 아들에게 '네 자식은 네가 키우라'고 늘 강조한다. '나도 어려운 환경 속에서 너를 키웠으니 너도 너의 자식을 직접 키워야지만 육아의 고통도 알게 되고 부모의 마음도 알게 된다.'고 강조한다. 하지만 필자는 그래도 우리 손주인데 필요하면 봐 줄 수 있는 것 아닌가 하고 생각한다. 이건 필자의 아내와 필자의 생각과 가치관이 다르기 때문이다.

황혼 육아만큼 미묘한 문제는 없다. 한국에서 맞벌이 부부의 비율은 50%를 넘었고 할아버지, 할머니의 육아 참여도는 60% 이상을 보인다는 조사 결과가 있었다.

문제는 과연 할아버지, 할머니가 육아에 참여하는 것이 자발적인가 하는 것이다. 자발적으로 황혼 육아를 선택했다면 할 말은 없다. 힘들게 맞벌이를 하는 자식들을 대신해 손주를 돌봐주는 것만으로도 부모의 역할은 톡톡히 한다고 할 수 있을 것이다. 또한, 손주를 돌봄으로써 본인의 건강관리에도 신경 쓰게 되고 키우는 재미에 푹 빠진다면 그것 나름대로 의미가 있을 것이다. 또한, 자녀로부터 받는 약간의 수고비는 가계에 도움이 될 수도 있다.

하지만 비자발적으로 손주를 보살펴야 하는 경우는 큰 부담으로 다가온다. 편안한 노후생활에 방해가 되기 때문이다. 손주가 기어 다니는 경우는 뒤치다꺼리하느라 힘든 노동에 빠지기도 쉽다. 필자의 선배 이야기를 들어보았더니 손주가 놀러 오면 그렇게 반갑다고 한다. 하지만 딱 30분이란다. 30분이 지나가면 '이제 안 가나?' 하고 시계를 들여다본다고 한다.

육체적으로도 힘들지만, 심리적으로도 힘들다. 예전에 그런 이야기를 들은 적이 있었다. 손주를 맡았던 할머니가 빨래를 널기 위해 나간 사이 아이가 기어 다니다가 소파에서 떨어져 다쳤다고 한다. 할머니는 놀라서 병원으로 달려가다가 급한 마음에 몇 번이나 넘어졌다고 한다. 아이가 다쳤다는 연락을 받은 아이 아버지는 병원에 찾아와 할머니에게 아이를 제대로 보지 않았다며 타박을 했다. 그러자 의사가 아이 아버지에게 "보세요. 아이 상처는 대단한 것이 아닙니다. 그런데 할머니가 급하게 오느라 넘어지고 해서 할머니 상처가 많이 생겼어요. 할머니한테 먼저 괜찮냐고 물어봐야 하는 거 아니에요?"라고 이야기했다고 한다. 잘 크면 손주 탓이지만 잘못되면 할아버지, 할머니 탓이라는 '손주 스트레스'도 역시 심리적인 압박요인이다.

선택의 문제

황혼 육아는 결국 선택의 문제이다. 육체적·정신적으로 힘들어도 내 핏줄이기 때문에 돌보아줘야 하는지, 아니면 본인의 편안한 노후를 위해서 거절해야 하는지는 그 집안의 문제이고 구성원의 판단에 따라 달라진다.

그럼에도 불구하고 황혼 육아가 행여 편안한 노후에 방해가 된다면 과감히 거절하는 것도 필요하리라 생각한다. 행복한 노후에 방해되지 않는 범위 내에서 황혼 육아가 이루어져야 한다는 것이 필자의 솔직한 생각이다.

08
유서를 꼭 써야 하는 이유

유서는 죽은 사람이 살아있는 사람에게 전할 수 있는 마지막 선물이다. 죽은 자가 살아있는 사람에게 말할 수 있는 마지막 편지이자 마지막 인사다.

다만, 여기서 말하는 유서는 감상적인 유서와 더불어 내 재산을 정리하는 유서다.

일반적으로 남자의 수명은 여자의 수명보다 6년 정도 짧다. 어쩌면 남편이 쓰는 유서는 아내에게 보내는 마지막 편지가 될지도 모른다. 은퇴한 사람에게 유서를 쓰라고 하면 불쾌하게 생각할 수도 있을 것이다. 하지만 그런 마음은 잠시 접어두고 갑작스러운 죽음이 찾아왔을 때 내 아내가 당황하지 않도록 마지막 배려를 한다고 생각하면 어떨까.

가장 먼저 아내에게 편지를 쓴다. 아내에게는 살아서 마지막으로 쓰는 편지라고 생각하고 당부의 말을 담은 편지를 쓴다.

다음에는 현재 우리 집의 재산에 대해서 기록을 남긴다. 돈이 있으면 얼마가 있는지 빚이 있으면 얼마가 있는지를 자세히 기록한다. 아내 몰래 감추어 놓은 비자금도 솔직히 쓰고 아내 몰래 지게 된 부채에 대해서도 솔직히 기록하고 어떠어떠한 이유로 부채를 지게 되었다고 밝힌다.

필자의 지인이 남편상을 당했다. 평소 사업을 하던 분이라 빚이 있는지는 알았지만, 그 규모는 본인밖에 알지 못했다. 갑자기 세상을 떠나셨는데 빚이 생각보다 많았고 결국 살고 있던 아파트를 처분해야만 했다. 갑자기 세상을 떠나면 빌려준 돈은 알 수 없지만 빌린 돈은 확실히 알 수 있다. 빚쟁이들이 찾아오기 때문이다. 자기 재산에 대해서 투명하게 해 놓지 않으면 남아있는 사람들이 고통을 겪는다.

보험 내용에 대해서도 기록을 남긴다. 내가 죽으면 어느 보험에서 얼마가 나오는지 파악해서 미리 기록해 둔다. 교통사고로 죽었을 때는 얼마가 나오고 질병으로 죽었을 때는 얼마가 나오는지 기록해 둔다. 혹시 보험에 대해서 잘 아는 지인이 있으면 그 사람 연락처도 적어두자.

사용하고 있는 카드에 대해서도 기록을 남긴다. 사용하고 있는 카드의 종류는 무엇이고 결제일은 언제인지에 대해서 기록한다. 이것을 적는 이유는 행여 누군가가 내 카드를 무단 사용하고 요금이 청구될 경우를 대비하기 위해서다.

유서 작성의 좋은 점

필자는 매년 가을 찬 바람이 불면 유서를 작성한다. 가장 먼저 아내에게 편지를 쓰고 그다음에는 아들과 며느리에게 편지를 쓴다. 필자 스스로 한 해 동안 어떻게 살았는지 반성도 한다.

그다음에는 우리 집 재산에 대한 목록을 작성한다. 이 목록이 있으면 혹시 내가 갑자기 생을 마감하더라도 아내가 이 목록에 근거해서 우리 집 재산에 관한 내용을 파악할 수 있다. 요즘은 상속인 금융거래 조회가 잘 되어있어 금융회사에 대한 금융거래는 파악할 수 있지만 개인 간의 거래는 파악할 수 없다. 또한, P2P 거래나 가상화폐 거래도 파악할 수 없다.

재산의 목록 외에도 내가 죽으면 보험회사에서 지급될 돈, 국민연금에서 지급될 돈, 국민연금 신청 변경의 건 등을 기록하고 별도의 명단도 준비해 둔다. 별도의 명단은 나의 부고를 알려야 할 사람들 명단이다.

이것만 준비하더라도 아내는 당황하지 않고 차분히 남편을 보내줄 수 있을 것이다.

09
자서전을 쓴다면

　나의 지나간 인생을 돌이켜보며 자서전을 써보자. 이 자서전은 나의 아들딸과 손주에게 좋은 기록이 될 것이다.

　필자는 부친의 삶에 대해 무지하였다. 전형적인 옛날 아버지였던 필자의 부친은 다정다감하게 자식과 이야기를 나누는 법이 없었다. 그래서 필자는 필자의 부친에 대해 아는 것이 별로 없다. 그저 사촌 누나들의 이야기를 통해서 들은 단편적인 지식을 취합하여 하나의 사실로 인지하고 있을 뿐이다. 부친께서 날 낳았을 때 어떤 마음이었는지, 내가 군대에 갔을 때는 어떠한 마음이었는지 전혀 짐작이 가지 않는다. 지금은 이미 작고하셔서 물어볼 길도 없다. 모친에 대해서도 마찬가지다. 징용에 끌려간 외조부로 인해 일본에서 태어나셨고 해방 이후 한국으로 돌아와서 삶을 이어오셨다. 해방 이후와 한국전쟁, 4·19와 5·16 등 격동의 시기를 겪으면서 매일의 기록보다는 하루하루의 삶이 더 중요했던 시기였을 것이다. 필자는 조부님, 조모님, 외조부님, 외조모님에 대한 기억이 없어 늘 이 부분이 아쉬웠다.

이제 우리 자신의 이야기를 기록에 남겨보자.

내 책 쓰기

필자의 첫 책은 2003년에 발간된 《유쾌 상쾌 주식카페》라는 책이었다. 주식투자 입문서였다. 이 책을 쓰게 된 동기는 아주 가벼운 사건 때문이었다.

엉덩이에 종기가 나서 길 건너 병원으로 갔다. 병원에서 달력을 보니 의사 선생님이 필자와 같은 대학을 나온 걸 알게 되었다. 자연스럽게 학번을 물어보고 내 소개도 했다. 길 건너 증권회사 지점장인데 주식 투자하러 한번 건너오라고 했다. 의사 선생님은 자신도 주식투자는 하고 싶은데 몰라서 못 하겠다고 했다. 그렇다면 처음 주식투자를 할 때 알아야 할 사항들을 내가 정리해서 주겠다고 했다. 그것이 시작이었다. 이후 지점장실에 앉아 초보 주식투자자가 알아야 할 것들을 적고 있으려니 회사직원들이 들여다보고 재미있다면서 출판사에 연락해 보기를 권했다. '책은 아무나 내나?' 하며 무시했는데 직원들이 자꾸 권하기에 당시 경제 경영서를 전문으로 하는 더난 출판사에 원고를 보냈다. 그곳에서는 주식투자에 대해 증권회사 지점장이 쓴 경우는 처음이라며 당장 계약을 하자고 했다. 그렇게 첫 번째 책이 출간되었다. 일단 내 글이 활자화되어 나온다고 하니 여러모로 신경이 쓰였다. 대충 알고 있는 것도 정확하게 조사해서 글로 남겨야 했다. 애매모호한 것도 명확하게 적어야 했다. 이 과정을 통해서 필자 스스로도 큰 공부가 되었다.

자서전을 쓴 후에는 내가 관심을 갖고 있거나 잘 아는 분야에 대해 책을 써보자. 혹시 아는가? 생각지도 않았던 인세를 받을 수도 있고, 그 책을 읽은 누군가가 강연 요청을 할 수도 있고, 방송사의 출연 요청도 있을 수 있지 않은가. 필자도 책이 명성을 얻어서 SBS의 TV 특강이라는 프로그램에 50분간 강의를 한 적이 있었다.

우리 사회에는 아직도 사농공상의 유교적 관념이 남아 있기에 책을 낸 작가는 어딜 가든 제대로 대접받는다.

〈필자 자서전 예〉

1963년

나는 1963년 7월 30일(화), 음력으로는 6월 10일 새벽 4시 15분에 태어났다.

아버지는 김용균(金容均)이고 어머니는 한영자(韓英子)다.

먼저 아버지와 어머니 이야기부터 해 보자.

아버지

먼저 나를 이 세상에 낳아 주신 나의 아버지와 어머니에 관하여 이야기하지 않을 수 없다.

아버지는 전라남도 고흥군 남양면 신흥리 666번지에서 1936년에 태어나셨고 쥐띠였다. 이름은 김용균이고, 키는 177㎝ 정도의 큰 키였다. 177㎝라면 지금도 작은 키는 아닐 터이지만 사오십 년 전에는 매우 큰 키였을 것이다. 그래서 젊었을 때는 '꺽다리 김 씨'로 불리기도 했다고 한다.

아버지는 어릴 때부터 굉장히 머리가 좋으셨다고 한다. 주위 사람의 표현을 빌리자면 머리는 좋은데 때를 잘못 만나 고생이라고 했다. 그 자세한 뒷이야기야 나로서는 알 도리가 없지만, 그 대강의 이야기를 추측해 보면 짐작이 가는 면도 없지 않아 있다.

아버지에 대한 나의 단편적인 기억들을 서술해 나가다 보면 어느덧 아버지에 대한 대강의 모습이 보이지 않을까?

아버지가 머리가 좋다는 것은 사실인 듯하다. 국민학교밖에 나오지 못했으니 체계적인 교육이 불가능했을 것이고, 또 그로 인하여 논리성은 결여될지언정 번득이는 재치와 타고난 비상함을 지녔다는 것은 나도 어릴 때부터 느끼곤 했다. 아버지가 조선공사(지금의 한진중공업)를 다니실 때 영어로 된 서류의 번역을 못 하셔서 그 종이를 가지고 점심시간이면 점심도 먹지 않고 광복동의 대서소에 가서 그것을 번역해 오셨다 한다. 자신의 무지를 주위에 밝히기 싫은 이유에서였다. 한편으로는 무지로 인한 엄청난 자굴지심도 있었던 것 같다.

내가 어렸을 때의 기억부터 정리해 보기로 한다. 내가 태어났을 때 (나는 기억이 나지 않지만) 아버지는 어머니를 위해 자갈치시장에 가셔서 미역을 사 오셨다고 한다.

(후략)

부동산/재테크/창업

장인석 지음 | 17,500원
348쪽 | 152×224mm

롱텀 부동산 투자 58가지

이 책은 현재의 내 자금 규모로, 어떤 위치의 부동산을 언제 살 것인가에 대한 탁월한 분석을 펼쳐 보여 준다. 월세 탈출, 전세 탈출, 무주택자 탈출을 꿈꾸는, 건물주가 되고 싶고, 꼬박꼬박 월세 받으며 여유로운 노후를 보내고 싶은 사람들을 위한 확실한 부동산 투자 지침서가 되기에 충분하다. 이 책은 실질금리 마이너스 시대를 사는 부동산 실수요자, 투자자 모두에게 현실적인 투자 원칙을 수립할 수 있도록 해줄 뿐 아니라 실제 구매와 투자에 있어서도 참고할 정보가 많다.

나창근 지음 | 15,000원
302쪽 | 152×224mm

나의 꿈, 꼬마빌딩 건물주 되기

'조물주 위에 건물주'라는 유행어가 있듯이 건물주는 누구나 한 번은 품어보는 달콤한 꿈이다. 자금이 없으면 건물주는 영원한 꿈일까? 저자는 현재와 미래의 부동산 흐름을 읽을 줄 아는 안목과 자기 자금력에 맞춤한 전략, 꼬마빌딩을 관리할 줄 아는 노하우만 있으면 부족한 자금을 충분히 상쇄할 수 있다고 주장한다. 또한 액수별 투자전략과 빌딩 관리 노하우 그리고 건물주가 알아야 할 부동산 지식을 알기 쉽게 설명한다.

박갑현 지음 | 14,500원
264쪽 | 152×224mm

월급쟁이들은 경매가 답이다
1,000만 원으로 시작해서 연금처럼 월급받는 투자 노하우

경매에 처음 도전하는 직장인의 눈높이에서 부동산 경매의 모든 것을 알기 쉽게 풀어낸다. 일상생활에서 부동산에 대한 감각을 기를 수 있는 방법에서부터 경매 용어와 절차를 이해하기 쉽게 설명하며 각 과정에서 꼭 알아야 할 중요사항들을 살펴본다. 경매 종목 또한 주택, 업무용 부동산, 상가로 분류하여 각 종목별 장단점, '주택임대차보호법' 등 경매와 관련되어 파악하고 있어야 할 사항들도 꼼꼼하게 짚어준다.

초저금리 시대에도 꼬박꼬박 월세 나오는
수익형 부동산

나창근 지음 | 17,000원
332쪽 | 152×224mm

현재 (주)기림이엔씨 부설 리치부동산연구소 대표이사로 재직하고 있으며 [부동산TV], [MBN], [한국경제TV], [KBS] 등 방송에서 알기 쉬운 눈높이 설명으로 호평을 받은 저자는 부동산 트렌드의 변화와 흐름을 짚어주며 수익형 부동산의 종류별 특성과 투자노하우를 소개한다. 여유자금이 부족한 투자자도 전략적으로 투자할 수 있는 혜안을 얻을 수 있을 것이다.

주식/금융투자

북오션의 주식/금융 투자 부문의 도서에서 독자들은 주식투자 입문부터 실전 전문투자, 암호화폐 등 최신의 투자 흐름까지 폭넓게 선택할 수 있습니다.

주식 투자
기본도 모르고 할 뻔했다

박병창 지음 | 19,000원
360쪽 | 172×235mm

코로나19로 경기가 위축되는데도 불구하고 저금리 기조가 계속되자 시중에 풀린 돈이 주식시장으로 몰리고 있다. 때아닌 활황을 맞은 주식시장에 너나없이 뛰어들고 있는데, 과연 이들이 기본은 알고 있는 것일까? '삼프로TV', '쏠쏠TV'의 박병창 트레이더는 '기본 원칙' 없이 시작하는 주식 투자는 결국 손실로 이어짐을 잘 알고 있기에 이 책을 써야만 했다.

하루 만에 수익 내는
데이트레이딩 3대 타법

유지윤 지음 | 25,000원
312쪽 | 172×235mm

주식 투자를 한다고 하면 다들 장기 투자나 가치 투자를 말하지만, 장기 투자와 다르게 단기 투자, 그중 데이트레이딩은 개인도 충분히 가능하다. 물론 쉽지는 않다. 꾸준한 노력과 연습이 있어야 한다. 하지만 가능하다는 것이 중요하고, 매일 수익을 낼 수 있다는 것이 중요하다. 그 방법을 이 책이 알려준다.

최기운 지음 | 18,000원
424쪽 | 172×245mm

10만원으로 시작하는
주식투자

4차산업혁명 시대를 선도하는 기업의 주식은 어떤 것들이 있을까? 이제 이 책을 통해 초보 투자자들은 기본적이고 다양한 기술적 분석을 익히고 그것을 바탕으로 향후 성장 유망한 기업에 투자할 수 있는 밝은 눈을 가진 성공한 가치투자자가 될 수 있다. 조금 더 지름길로 가고 싶다면 저자가 친절하게 가이드 해준 몇몇 기업을 눈여겨보아도 좋다.

박병창 지음 | 18,000원
288쪽 | 172×235mm

현명한 당신의
주식투자 교과서

경력 23년차 트레이더이자 한때 스패큐라는 아이디로 주식투자 교육 전문가로 불리기도 한 저자는 "기본만으로 성공할 수 없지만, 기본 없이는 절대 성공할 수 없다"고 하며, 우리가 모르는 '기본'을 설명한다. 아마도 이 책을 보고 나면 '내가 이것도 몰랐다니' 하는 감탄사가 입에서 나올지도 모른다. 저자가 말해주는 세 가지 기본만 알면 어떤 상황에서도 주식투자를 할 수 있다.

최기운 지음 | 18,000원
300쪽 | 172×235mm

동학 개미
주식 열공

〈순매매 교차 투자법〉은 단순하다. 주가에 가장 큰 영향을 미치는 사람의 심리가 차트에 드러난 것을 보고 매매하기 때문이다. 머뭇거리는 개인 투자자와 냉철한 외국인 투자자의 순매매 동향이 교차하는 곳을 매매 시점으로 보고 판단하면 매우 높은 확률로 이익을 실현할 수 있다.

곽호열 지음 | 19,000원
244쪽 | 188×254mm

초보자를 실전 고수로 만드는
주가차트 완전정복

이 책은 주식 전문 블로그 〈달공이의 주식투자 노하우〉의 운영자 곽호열이 예리한 분석력과 세심한 코치로 입문하는 사람은 물론 중급자들이 놓치기 쉬운 기술적 분석을 다양하게 선보인다. 상승이 예상되는 관심 종목 분석과 차트를 통한 매수·매도 타이밍 포착, 수익과 손실에 따른 리스크 관리 및 대응방법 등 주식시장에서 이기는 노하우와 차트기술에 대해 안내한다.

유지윤 지음 | 18,000원
264쪽 | 172×235mm

누구나 주식투자로
3개월에 1000만원 벌 수 있다

주식시장에서 은근슬쩍 돈을 버는 사람들이 있다. '3개월에 1000만 원' 정도를 목표로 정하고, 자신만의 투자법을 착실히 지키는 사람들이다. 3개월에 1000만 원이면 웬만한 사람들 월급이다. 대박을 노리지 않고, 딱 3개월에 1000만 원만 목표로 삼고, 그것에 맞는 투자 원칙만 지키면 가능하다. 이렇게 1000만 원을 벌고 나서 다음 단계로 점프해도 늦지 않는다.

근투생 김민후(김달호) 지음
16,000원 | 224쪽
172×235mm

삼성전자 주식을 알면
주식 투자의 길이 보인다

인기 유튜브 '근투생'의 주린이를 위한 투자 노하우. 국내 최초로 삼성전자 주식을 입체분석한 책이다. 삼성전자 주식은 이른바 '국민주식'이 되었다. 매년 꾸준히 놀라운 이익을 내고 있으며, 변화가 적고 꾸준히 상승할 것이라는 예상이 있기에, 이 책에서는 삼성전자 주식을 모델로 초보 투자자가 알아야 할 거의 모든 것을 설명한다.

금융의정석 지음 | 16,000원
232쪽 | 152×224mm

슬기로운 금융생활

직장인이 부자가 될 방법은 월급을 가지고 효율적으로 소비하고, 알뜰히 저축해서, 가성비 높은 투자를 하는 것뿐이다. 그 기반이 되는 것이 금융 지식이다. 금융 지식을 전달함으로써 개설 8개월 만에 10만 구독자를 달성하고 지금도 아낌없이 자신의 노하우를 나누어주고 있는 크리에이터 '금융의정석'이 영상으로는 자세히 전달할 수 없었던 이야기들을 이 책에 담았다.

터틀캠프 지음 | 25,000원
332쪽 | 172×235mm

캔들차트 매매법

초보자를 위한 기계적 분석과 함께 응용까지 배울 수 있도록 자세하게 캔들 중심으로 차트의 원리를 설명한다. 피상적인 차트 분석이 아니라 기계적으로 차트를 발굴해서 실전에서 활용하는 데 초점을 맞춘 가이드북이다. 열심히 공부하고 노력하여 자신만의 매매법을 확립해, 돈을 잃는 투자자에서 수익을 내는 투자자로 거듭날 계기가 될 것이다.